KATRIN RICHTER

AF130125

# »STEPPING STONES -
## YOU NEED A STICK TO CROSS THE RIVER«

## Vorbemerkung der Autorin

Lieber Leser, geschätzte Leserin,
auch, wenn dieses Tagebuch meine Gedanken und Gefühle während der beschriebenen Tage widerspiegelt, so habe ich doch die eine oder andere Veränderung vorgenommen, die dazu dienen soll, andere Menschen oder Umstände zu schützen.

Gehen Sie also bitte getrost davon aus, dass ich Personen und ihre Namen erfunden oder geändert habe und sowieso nie ganz unterscheiden kann, was ich tatsächlich erlebt habe und was nur in meiner Phantasie stattfindet. Ähnlichkeiten mit existierenden Leuten (oder auch mit bereits verstorbenen) sind also rein zufällig und von mir in keiner Weise beabsichtigt.

Irgend jemanden bloßzustellen, ist und war niemals der Grund, warum ich Bücher schreibe.

Katrin Richter, im Sommer 2015 in Berlin

## Die Autorin

Katrin Richter hat – auch unter ihren Namen *Katrin Panier, Katrin Panier-Richter und Clara Felder* – bisher insgesamt neunzehn lieferbare Bücher veröffentlicht. Als leidenschaftliche Tagebuchschreiberin und Spaziergängerin lebt sie seit vielen Jahren in Berlin.

Katrin Richter

# Stepping Stones - You need a stick to cross the river

Über Steine balancieren —
Du brauchst einen Stab
wenn du den Fluss überquerst

Tagebuchaufzeichnungen
von meiner zweiten Reise nach Kreta im Jahr 2015

Bibliografische Information der Deutschen Nationalbibliothek:
Die Deutsche Nationalbibliothek verzeichnet diese Publikation in der
Deutschen Nationalbibliografie; detaillierte bibliografische Daten sind im
Internet über <http://dnb.d-nb.de> abrufbar.

## Impressum

(C) Katrin Richter
1. Auflage, 2015
Titelbild: eigene Grafik
Umschlag, Satz und Layout: Richter, Berlin
Herstellung und Verlag: BoD- Books on Demand,
Norderstedt Printed in Germany

ISBN 978-3-7386-5815-6

*„LIFE IS NOW, SAYS GEORGE,*

*TOMORROW NEVER COMES."*

*„Leben ist jetzt, sagt George,*

*das Morgen wird niemals kommen."*

*K.R. und eine Aufschrift an einer Mauer am Meer in Matala, Kreta*

Auch für Nikos.

## Donnerstag, „Himmelfahrt", 14. Mai 2015 in Berlin

Nun hat Ralf lange, lange „große Pause", das Geld von der Zahnzusatzversicherung ist da und wird für unseren Urlaub eingesetzt. Nach kurzem Zerren und Zögern (ist das auch gerecht so?) entschied ich mich für Noblesse und überließ ihm die gesamte Summe auf seinem Konto. Es ist ja auch nur eine Umverteilung; wir gleichen unsere Konten aus – und alles wird letzten Endes „aus einem Topf" bezahlt. Ich brauche halt bloß dieses Wissen um eine Reserve – damit ich still vor mich hin in Ruhe arbeiten kann. Danke an dieser Stelle dafür, dass es bis jetzt schon lange Zeit über genau so ist.

Die verehrte Yoga-Lehrerin würde auch nach Kreta reisen. Das ist nun wirklich eine göttliche Insel, sagt sie. Ja! Wie war ich doch inspiriert beim ersten Mal – und werde es wieder sein. Etwas macht mich da sehr sicher. Herr, zeig mir, wie ich immer Geld verdienen kann; ich bin doch ganz offensichtlich schon innerlich und äußerlich reich und frei. Und ich weiß, wohin damit. Dieser Jubel. Diese Vorfreude. Und diese Zwiegespaltenheit. Inneres Zerrissensein.

Ach, ich muss mein Zuhause verlassen! Wie mich das umtreibt, aufwühlt, wie mir der Arsch auf Grundeis geht!! Gestern kam eine Antwort von Rosalie auf meine Muttertags-E-Mail. Sie habe nicht gedacht, dass ich an sie denke und freue sich nun doppelt. Ich traue ihr nicht, sagt eine Stimme in mir. Sie wirft das alte Lasso –

7

und ja! – ein Teil von mir will sich davon sogleich einfangen lassen und springen, zurück in die alte Ver-wicklung. Und habe ich mich nicht gerade mühsam daraus ent-wickelt? Aufpassen, Katrin! Zum Glück sniezen sie heute auch in den Urlaub, wie wir in der kommenden Nacht, so dass ich in keine allzu große Versuchung gerate. Ausdrucken, abheften. Fertig.

I´m leaving home. Ich verlasse meine Bahn. Es ist nicht zu fassen! Heute Nachmittag besuchen uns noch einmal das Töchting und ihr Freund, später schlafen wir eine Runde – und zu 03:15 Uhr bestellen wir ein Taxi, da der Flug nach Heraklion ja schon um sechs Uhr von Tegel startet. Air Berlin. Da bekommen wir Essen und Trinken und müssen uns darum nicht auch noch kümmern, so wie bei Easy Jet kürzlich nach Salz-burg. Aber etwas Gutes ist immer dabei, egal, was man auch tut: Aus letzterer Fluglinie nämlich habe ich mir diesen Trostspruch mitgenommen, der aus welchem Grund auch immer in mir ein schönes, sicheres Gefühl erzeugt: „Und jetzt: Entspannen Sie sich. Lehnen Sie sich zurück und genießen Sie den Flug." Ich kann dieser freundlichen „Anweisung" ohne Weiteres folgen. Sie wirkt wie eine Medizin gegen die letzten noch vorhandenen Überreste meiner früheren Flugangst. Überhaupt haben die Leute in dieser orangeweißen Maschine sehr cool, locker, vertrauenerweckend mit uns Passagieren gesprochen. Das darf ruhig öfter so sein. Das tut unglaublich wohl.

Am Ende wird alles gut. Und ist es noch nicht gut, dann ist es auch noch nicht das Ende. Ein Freund hat diesen Spruch vor ein paar Tagen zitiert. Ich kannte ihn zwar schon, bin aber immer für positive Wiederholun-

gen zu haben. Bitte, danke, lieber Baum. Mein Blitz-
gebet.

Leaving home. Okay. Ich bin – widerstrebend – damit
einverstanden und bereit dazu, mich auf anderer Lein-
wand wieder neu kennenzulernen. Und nein: Ich halte
meine Seele nicht wieder den Falschen „hin", zum
gefälligen Zerfleddern. Ich werde aber durchaus
Vertrauen üben und unseren lieben Nachbarn Woh-
nungs- und Briefkastenschlüssel geben (Ralf hat damit
nun so gar keine Probleme!) – auch, um das Töchting
zu entlasten. Dann muss sie nicht ständig herfahren
quer durch die Stadt. Es gibt ohnehin nicht viel zu  tun,
fast alle Blumen stellt Ralf auf den Hof. Die wichtigste
Post ist auch „durch", da sollte jetzt nicht mehr viel
eintreffen, Insch´Allah, so Gott will. Es gibt Einiges zu
klären, zu bedenken und zu organisieren, wenn man so
lange und gründlich loslassen will. Meine Stimme klingt
laut und voll beim Pranava Aum, dem bekannten Yoga-
Mantra. Fast erschrecke ich mich vor meinem eigenen
starken Ton. Die Lehrerin sagt, das liegt am Pancha
Sahita, dem reinigenden Atem. Hurra! Es wirkt.


## Freitag, 15. Mai 2015, mitten in der Nacht und NOCH in Berlin

Es ist 01:40 Uhr, ich kann nicht schlafen
und frage mich: Warum machen wir das so
noch mal? – Um 03:15 Uhr in ein Taxi steigen, um 06:00 Uhr in ein Flugzeug nach Heraklion auf
Kreta-Sun?! Ralf sagt, ich soll die Verantwortung übernehmen anstatt immer zu sagen, er brauche das, diesen
Urlaub. Ich brauche ihn ebenso, und ich wollte ihn

9

genau so sehr wie er. Selber schauen. Die Kinder sind gespannt, was wir erzählen; darüber, wie es in Griechenland jetzt wirklich ist – und inwieweit uns in Deutschland in dieser Sache die Medien vielleicht bloß manipulieren...

Ich brauche immer einen „Höheren Zweck" den ich verfolge, dann geht es mir gleich besser. Lieber Gott, bitte und danke, begleite und leite uns auf dieser Reise, sechsundzwanzig Tage und Nächte lang auf DEINER Insel, wie sie ja alle sagen und ich selber schon gesehen habe, vor einem Jahr. Es ist ohne Zweifel die Insel der Götter. Nicht wahr?!...

Die Jüngere besitzt eine neue, wundervolle Zärtlichkeit mir gegenüber, Halleluja und getrommelt. Ralf fällt das auch auf. Die frühere Härte ist verschwunden; ich darf nun sogar eventuell Kleidungsstücke, das eine oder das andere, für sie mit-„jagen", wenn ich möchte, wenn es passt.

Unseren lieben Nachbarn vertraue ich total (bis auf diesen kleinen Rest Misstrauen, der von früher hoch pulst, und der nichts mit ihnen zu tun hat).

*„Nimm deine Kinetosin, Katrin".* Eine halbe Stunde vor der Abfahrt musste die kleine runde rosa Pille eingeworfen werden, damit sie auch wirkt, also etwa jetzt; jene Reisetablette, die später vom Markt genommen wurde, wie mir eine Apothekerin sagte, weil jenes Medikament im Verdacht stand, eventuell abhängig zu machen.

Es war auch eine ernstzunehmende Droge. Zuerst euphorisierend, aufputschend, die Zunge lösend; dann im Sturzflug ins genaue Gegenteil davon, einen komatösen Tiefschlaf. Es brauchte einen ganzen Entzug lang, ehe mir dieser harte Stoff wieder aus den Gliedern gewichen war.

Ab wann habe ich diese Dinger ganz bewusst eingesetzt? Eben dieser Wirkung wegen...

Aber egal. Oh nein. Heute nicht, nicht mehr. Ich brauche nicht zu funktionieren. Ich übernehme die volle Verantwortung für das, was ich lebe und entschieden habe. Ich genieße, bewusst. Jede einzelne Sekunde. Im Flugzeug wird mir niemals schlecht. Im Auto auch nicht, wenn ich praktisch mitfahre und mitdenke. Mich auf den Horizont konzentriere. Ja doch, ja. Hinter dem Horizont geht's weiter. Ein neuer Tag. Zusammen sind wir stark. Tausendmal erprobt.

Auf denn. Keine Pille, keine Pulle. Offenes Visier.

Ralf schläft noch, aber gleich klingelt sein Wecker.

PS: Es ist sehr seltsam in der Nacht, wenn alles schläft! Ich höre Geräusche, die es im Außen gar nicht gibt. Ich lausche. Kann mir keinen Reim darauf machen. Wer seid ihr? Worauf trommelt ihr so blechern? Und warum? Was um alles in der Welt wollt ihr mir nur damit sagen?

PPS: Die Nachbarin beherbergt jetzt jeden Nachmittag diesen kleinen vietnamesischen Jungen, der sie treuer begleitet und ihr nicht von der Seite weicht als ihr verstorbener Gefährte, soweit ich sehen konnte, es jemals tat. Möglicherweise muss ich mein Buch „Eine Katze auf einem toten Mann" so, mit diesem Bild weiterschreiben. Dass für jeden jemand kommt – und oft geschieht es in besserer Weise als zuvor, oder? Eine kleine oder große – wer will das wissen! - Seele ist erschienen, als sie, die Witwe, zu vereinsamen drohte. Ist das nicht bemerkenswert?

Lauter Rätsel. Nur Mysterien, von denen ich umgeben bin. Und ich kleiner Mensch will sie entschlüsseln?!

Vor genau zwölf Stunden habe ich auf Töchting und ihren Freund gewartet, ich sah hier aus diesem Fenster. Das Warten hat sich gelohnt.

Noch ein PS: Stellt euch mal vor, ihr unsichtbaren Gesellen: Mein erster Ehemann will bei Erreichen seiner Rente wieder zurück an unsere Ursprünge ziehen, in unser altes Dorf! Das würde ich nicht tun. Ich habe meine Heimat in Berlin gefunden.

Die Nachbarin sagt, man kann Tagebücher inzwischen ganz easy einscannen. Wunder der Technik. Die Maschine blättert sogar die Seiten einzeln um! Ich weiß nicht, ob mir das gefällt, ich muss noch drüber nachdenken. Und was geschieht mit all den Zetteln, Notizen, Liebesbriefen, Bildern, Fotos, E-Mail-Ausdrucken, die ich beigelegt habe? Existiert auch schon ein Roboter-Greifarm, der die ganz sachte herausklaubt, um sie an genau der richtigen Stelle vorsichtig, exakt am passenden Datum, wieder einzufügen?

Ich sehe vor mir einen Computerfehler, und alles wird verdorben, herumgeschmissen und zerfetzt sein... Ich traue diesen Rechnern nicht.

Diese Nacht ist sehr, sehr seltsam und eigenartig, so, wie ich es auch bin. Aber nun wirklich: Auf nach Kreta! Für volle vier Wochen, so gut wie. Beinahe jedenfalls.

Schlafen kann ich ja vielleicht im Flugzeug. Nun verstehe ich meinen Freund, der Fernfahrer ist, viel besser. Er steht ja andauernd um solche Uhrzeiten auf, die ich sonst eigentlich gar nicht kenne. Herrje!

## Sonnabend, 16. Mai 2015 in Heraklion auf Kreta

Den fehlenden Schlaf nachgeholt 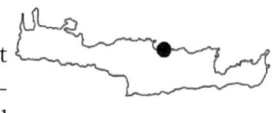 in einem süßen Zimmer mit Balkon. Es heißt Elilia, die Lilie – und hat die Nummer 206. In Salzburg, vor vierzehn Tagen, das fällt mir jetzt gerade ein, trugen die Appartements Buchstaben statt Ziffern. Wir residierten in „F". Nur, falls das später interessant sein sollte, weil wir noch einmal wieder dorthin kommen. Vielleicht habe ich es aber auch schon notiert. Bin im Moment nur zu faul, extra deswegen nachzuschlagen. Es könnte aber sein; in mir sitzt schließlich dieser kleine Archivar, der alles hochnotpeinlichst protokolliert und festhält für die Nachwelt. Oder, um selber recht haben zu können, im Falle eines Falles.

Alles geht langsam heute, und ich hatte auch noch keinen Kaffee. Ralf geht <u>AUCH</u> langsam heute! (Normalerweise sorgt er für mein ankurbelndes Gebräu, egal, wo wir auf dieser Erde auch sind.)

Wir waren gestern Zeugen, wie in Tegel der Flughafen aufgeschlossen wurde, morgens um 03:45 Uhr. Alles geriet ziemlich durcheinander, weil die hüfthohen Aluminiumzäune mit ihren elastischen Bändern noch nicht eingerichtet waren, die die Warteihen begrenzen sollen. So stand ein chaotisches Völkchen wild durcheinander vor den Eincheckschaltern, und jeder reagierte anders auf die undurchschaubare Situation. Ein stiller älterer Herr am GoldCard-Check-In ließ sich nicht hetzen: „Ich richte erst meinen Arbeitsplatz ein", sagte er leise lächelnd und packte Zettel aus, drapierte sie vor sich auf der Tischplatte, legte sie Kante auf Kante fein

13

säuberlich hin. Nichts und niemand hätte ihn beschleunigen können.

Eine schöne dunkelhäutige Lady versuchte, die Leute zu ordnen und zunehmend schlecht gelaunt zu erziehen. Sie scheiterte an unser aller Sturheit – was ihre Stimmung nicht gerade hob...

Warum eigentlich drängen alle so zur Eile, wenn das Flugzeug doch erst in frühestens zwei Stunden abhebt und jeder seinen festen Platz auf einer Passagierliste und im Polstersitz der Kabine von vornherein doch sicher hat? Ich vermute, es ist die Spannung unterdrückter Flugangst, die viele beutelt, und die wenige sich eingestehen.

Ein beherzter Mitarbeiter mit Berliner Schnauze schließlich resignierte, sagte zu uns, einfach so: „Na, denn bleiben se ebent so stehen. Wir kriegen das schon irgendwie hinne, wa!"

Gute Laune und Humor an einem so frühen Morgen! Das sind wahre Schätze der Menschlichkeit. Ich brachte sie eher nicht auf. Ich hielt mich immerhin ruhig und beherrscht unter dem Deckel und staunte, als ein Herr auf mich zu kam und fragte, ob ich wüsste, welches Datum wir heute hätten. „Den Fünfzehnten.", antwortete ich wahrheitsgemäß und konnte nicht ahnen, dass ich bei ihm damit eine Art Schockzustand auslösen würde. „Wirklich?", vergewisserte er sich noch, um dann in sich zusammen zu sinken, gepeinigt zusätzlich von den Blicken seiner Frau, die sichtlich nicht mehr zu ihm gehören wollte. Wir hatten den Fünfzehnten und sein – ihrer beider – Flug nach Antalya ging am Sechzehnten., wie sich rasch herausstellte! Einer von den beiden Ehepartnern musste das Datum verwechselt haben, wahrscheinlich er, so wie sie ihn durchbohrte.

14

Wenn solche Irritationen unterwegs sind, dachte ich, dann startet unsere Reise mit ganz schlechten Energien und Vibrationen. Au weia, und wie wappne ich mich jetzt dagegen?

Aber als ich ins Flugzeug einstieg, da wurde klar, dass auch Liebe und weibliche Solidarität im Raum gewesen sein müssen, denn ich bekam meinen Gangplatz zugewiesen, nicht den Mittelplatz, wie ich gedacht hatte. Ralf war wie immer schneller gewesen in Gedanke und Wort als ich; und als wir nach unseren Wünschen befragt wurden hinsichtlich unserer Position im Flieger, da hatte er „Fenster!" gerufen. Natürlich wollten wir nebeneinander bleiben, man weiß ja nie, wann man eine Hand drücken muss. Also atmete ich tief ein und aus, fügte mich drein und mag nur vor mich hin gemurmelt haben: „Eigentlich sitze ich ja lieber am Gang..." Weil ich mir da vorstellen kann, es ist vielleicht doch nur ein Bus, in dem ich mich befinde. Und weil ich die Mienen der Stewardessen besser beobachten kann. Lächeln sie, ist alles okay. Wir stürzen nicht ab. (Und wenn doch, dann jedenfalls mit einem Lächeln im Gesicht!)

Also danke, liebe unbekannte Lady am Schalter. Good vibes sind manchmal Good Weibs.

Fliegen war eine Angst-Überwindung wie eh und je, ich weinte ein bisschen kurz vor dem Start, beim Starten und brauchte, nutzte auch weidlich Ralfs ganzen Arm.

Wenn es um meine Trockenheit geht oder um Arbeit (zuletzt ja Ralfs Arbeit, wenn ich ihn irgendwohin begleiten durfte), dann füge ich mich drein und vermute göttlichen Willen. Aber „nur" Erholung und Spaß? Ein Teil von mir glaubt immer noch nicht so recht, dass ich das DARF, in Gottes Namen. Dabei ist dieses radikale Loslassen von allem so wichtig – für uns beide. Wir wissen nicht, was geschehen wird, ob wir Heimweh bekommen oder uns fetzen vor lauter Unterschiedlichkeit, ob wir wirklich immer eine Unterkunft finden für die Nacht, so spontan, wie wir die Insel erkunden, umrunden wollen – aber wir lassen es drauf ankommen, ganz bewusst. „Genießt volles Rohr", hat das Töchting ge-SMS-t, als wir am Gepäckband auf unsere Koffer warteten, im Rücken schon das Meer, das Meer, das MEER! Die Schlafbrille mit den kleinen grünen weisen Eulen, die sie selbst aus Baumwollstoff genäht und mir zu Weihnachten geschenkt hat, leistet mir echt gute Dienste. Im Flugzeug hilft sie beim Mich-Abgeben; hier in diesem herrlich breiten, festen Bett (wir haben idealerweise zwei auseinander stehende, wie damals in Dubai), in diesem Life-Boutique-Hotel-Zimmer hilft sie, damit Ralf nicht das Fenster verdunkeln muss, sondern ich mich bei Bedarf selbst verdunkeln kann. Wie oft hat er extra schwarzen Stoff als Ballen mitgeschleppt, um mir die nötige Nacht zum Schlafen so lange wie möglich zu erhalten. Das tut jetzt nicht mehr not. Wir haben trotzdem zuviel mit; beide Koffer sind randvoll. Immer wieder nehmen wir uns vor, mit leichtem Gepäck zu reisen, aber für vier Wochen schaffen wir das (noch?) nicht. Drei Tage Salzburg waren aber schon zu bewältigen, nur mit kleinem Handgepäck. Es geht also!

Und schon zeigt sich der erste Sonnebrand auf meinen Fußrücken – da, wo die Ecco-Trekking-Sandalen ihre quadratische Öffnung haben – und am Dekolleté. Nach einem Drei-Stunden-Flug, mit teilweise recht ordentlichen Turbulenzen zum Üben, landeten wir im Hochsommer bei siebenundzwanzig, achtundzwanzig

Grad Celsius und wanderten gleich los, die endlose, endlose Mole entlang. Ich glaube, es ist die längste Mole der Welt. Menschen nutzen sie als Joggingstrecke, Gespräche werden hier geführt, Pärchen finden sich – und es gibt sogar WCs, in die Mauer zum Wasser eingelassen. So lang ist diese Mole, dass man damit rechnen muss, unterwegs mal zu müssen! Eine Stunde hin, bis an die Spitze, eine Stunde wieder zurück. So ist es passiert. Sonnenhungrig und erschöpft taperten wir vor uns hin, ohne auch nur einen Gedanken an Sonnenschutz zu verschwenden. Später gönnten wir uns einen Mittagsschlaf im Lilienzimmer, der uns dazu befähigte, noch einmal aufzubrechen, durch die Gassen von Heraklions Altstadt zu schlappen und am Ende in einer buntbemalten Taverne direkt am Wasser viel zu viel griechischen Salat, Kebab, gegrillte Sprotten und Co. zu Abend zu essen. Aber schön! Wir hatten beide großen, großen Hunger. Danach eher nicht mehr.

Am Flughafen Heraklion bei unserer Ankunft war Busfahrerstreik wie in Berlin. Zu Hause streikten ja gerade die Lokführer eine ganze Woche lang und die Busfahrer auch und die Kindergärtnerinnen und ich weiß gar nicht, wer noch alles. Das blanke Chaos! Und nun hier auch. Eine Familie mit zwei kleinen Kindern und einem hohen Kofferturm auf ihrem Rollwagen verlor fast den Mut: „Was für ein Beginn eines doch eigentlich schönen Urlaubs!" Die Kinder fanden es eher spannend, rissen die Augen auf angesichts der umher irrenden Leute mit ihrem Gepäck, der Ordner, die lautstark alle der Reihe nach zu den wartenden Taxen lotsten und nörgelten kein bisschen. Wie üblich. Kinder blühen ja erst im Chaos so richtig auf, oder täusche ich mich? Jedenfalls, wenn man sie in Ruhe lässt und nicht den erwachsenen Stress auf ihnen ablädt.

Jeder Tourist bekam ein Flugblatt in die Hand gedrückt – wir von unserer Taxifahrerin, die uns erzählte, dass die Streikenden sich abwechselten: Mal die Taxikutscher, dann springen die Busfahrer ein, und dann genau umgekehrt. Die Situation sei wirklich schlimm; es täte ihr leid, aber sie hätten alle keine andere Wahl. Hier der Text auf dem Flugblatt:

*Liebe Gäste,*

*wir möchten uns bei Ihnen herzlich bedanken und Sie willkommen heißen in unserem Land. Wir wünschen Ihnen einen schönen Urlaub auf Kreta.*

*Der heutige Tag wird für uns alle (Busfahrer und Fahrer) ein paar Schwierigkeiten haben. Wir arbeiten als professionelle Busfahrer und bewältigen den Transport von 3,5 Millionen Menschen im Jahr, die wir immer sicher nach Hause bringen. Unsere Arbeitgeber wollen nicht den für die neue Saison vorgelegten Vertrag unterschreiben und zwingen uns, unter schlecht bezahlten und unmenschlichen Arbeitsbedingungen zu fahren.*

*Obwohl wir sehr stark versucht haben, eine gerechte Lösung für beide Seiten zu finden, wollen sie immer noch nicht für fünfhundert Mitarbeiter, Busfahrer, den Arbeitsvertrag unterschreiben. Wir und unsere Familien bleiben würdelos und geraten ins Elend.*

*Vielen Dank für Ihr Verständnis!*

Auf dem A4-Blatt ist dieser Text auf Griechisch, Englisch, Französisch und Deutsch abgedruckt. Es ist ihnen ernst.

Im hiesigen Supermarkt steht für alle ein Wasserspender for free. Ein halber Liter kostet wenige Cents – sogar am Flughafen nur höchstens drei Groschen. Zum Vergleich: In Tegel und in Salzburg haben wir um die 3,80 Euro bezahlt für dieselbe Menge kostbaren Nasses zum Trinken.

Ein Abend auf der Bank am Hafen ist unschlagbar! Töchting, da kann man das Auslaufen der großen Fähren UND das Starten der Flugzeuge am Airport nebenan zugleich beobachten, was sage ich: Bewundern! Das wäre etwas für dich.

Meine Achillesferse tut höllisch weh – sie fordert Ruhe, und was gebe ich ihr?! Aufregung, einen Aufbruch ins Ungewisse, Abenteuer. Soviel glaube ich von den Vorgängen in meinem System zu verstehen – mehr allerdings nicht. (An dieser Stelle meldet sich der mobile Muezzin zurück, den wir schon vom letzten Jahr her kennen; er redet durch ein Megaphon auf Heraklion ein...)

Ich schalt mich innerlich für die vermeintlich falsche Auswahl meiner mitgenommenen Schuhe (die Birkenstocks stehen fein zu Hause) – und soll mich doch, wie ich nicht nur vom Yoga her weiß, nicht kritisieren. Tja. Achilles wird wohl mein Lehrer sein. „Manchmal denke ich, du bist meine Achillesferse", sagte ich zum Ralf. Das war ungerecht, aber vielleicht wahr. Lerne ich diese Lektion? So verschieden sein, stark dickköpfig – und doch in Liebe? Genuss. Volles Rohr. Ach, Töchting, ich weiß es doch selber nicht. Ich übe nur und gebe really mein Allerbestes dabei. Das ja. Vielleicht rede ich im Notfall mit den Eulen auf deiner so gnädigen Schlafmaske. Sie werden mir zuhören, nicken, mich verstehen und – wenn ich ganz genau hin lausche –

vielleicht Signale senden... – Wer weiß. Insch´Allah und Danke. Das hilft immer.

PS: Aus deutscher Sicht bewerten wir noch immer hochmütig die Lebensweise anderer Völker. Es nützt nichts, wenn wir politische Korrektheit darauf pappen – so lange es darunter immer noch wie früher „gärt". Man merkt es erst, wenn man fort ist und unter den vermeintlich „Fremden" weilt – sie sieht, anlächelt und umarmt wie ich gestern Abend den Senior Chef in der Taverne. Eine Spielart des Alexis Sorbas, sehr gemütlich anzufassen. Aber er hat angefangen!
Von einem in sich ruhenden Mann umarmt zu werden – das gehört zu den höchsten Genüssen auf Erden. Danke.
Erster Eindruck: Ganz Kreta riecht nach Sonnencreme – und wir nun also endlich auch.
Erste Regel: Nie jemanden in der Siesta stören, also zwischen vierzehn und siebzehn Uhr.
Erster Ausblick: Vom sommerheißen Balkon blickt man auf verwinkelte Hinterhöfe, weiß getünchte Häuserquader und in der Ferne auf schneebedeckte Berggipfel. Es ist fast surreal.

### Sonntag, 17. Mai 2015 in Heraklion

Vor mir liegt mein ganzer Goldschmuck. Ohrringe, Dresden-Kette mit dem Frauenkirchen-Anhänger, Ehering – und in den Vitrinen des Archäologischen Museums hier habe ich gestern Stücke gesehen, die würde ich ohne Weiteres auch heute noch tragen!!

20

Passend zu all den vielen Ausgrabungen und erstaunlichen Kunstwerken längst vergangener Jahrhunderte – als sie noch keine Maschinen, Computer, Manager hatten – wollen wir uns heute mal den Palast von Knossos ansehen, mit dem Bus hinfahren. Dies Bildchen hier auf der eingeklebten Eintrittskarte ist zum Beispiel die Goldschmiedearbeit mit der Darstellung zweier Bienen, die einen Tropfen Honig transportieren, um ihn sogleich in ein bereit stehendes Gefäßlein fallen zu lassen. Eine Dame hat diesen Kettenanhänger einst getragen – so wie ich jetzt meine Frauenkirche! Auch sie wird mich sicherlich überdauern; jedenfalls den grobstofflichen Teil meines Körpers; Sehnen, Knochen, Fleisch und Blut. Ich mag gar nicht daran denken. Und wenn doch, dann in der zart keimenden Hoffnung, dass doch etwas von mir überleben wird; das, was ich neuerdings so hege. Mein Wesen. Mein Geist. Na ja.

Es ist für die Jahreszeit zu heiß, sagt der Mann an der Rezeption. Die Sahara-Winde sind schon angekommen, die uns vom letzten Jahr her so vertraut sind. Um die dreißig Grad Celsius haben wir tagsüber; abends wird es frischer. Ich will mich noch nicht in die Sonne brezeln. Ralf sowieso nicht. Daher schauen wir uns die Stadt an und bekommen dabei trotzdem automatisch „Farbe“. Ich will nicht mehr Braunwerden zum Leistungsdruck machen, aber will ich nicht generell zu viele Dinge sogleich verändern – auch solche, die gar nicht in meine Zuständigkeit fallen oder die ich eigentlich nur gnädig anschauen sollte, freundlich mit mir selbst betrachten? Diese alte und schreckliche Selbstquälerei! Kaum ist etwas „neu“, taucht sie wieder auf. Hallo, da bist du ja! Dich kenne ich schon und übe es

ernsthaft, dich peu a peu nicht mehr so ernst zu nehmen. Keine Kritik. Ja, ich weiß das alles und muss es
nur noch umsetzen. Ha! Nur!

Auf dem Marktplatz von Heraklion aßen wir in aller
Seelenruhe belegte Baguettes und Körnerbrötchen und
tranken den sensationellen Espresso mit Eis, Café
Espresso Freddo, dem ich ein eigenes Kapitel widmen
müsste, so verführerisch ist er in seinem Geschmack
und seiner Wirkung.

Nach diesem Frühstück schlenderten wir durch den
Souk, einen engen Basar wie im Orient, den es eben
auch hier gibt, genau wie den Venezianischen Hafen.
Zeichen fremder Seefahrer-Einflüsse durch die Zeiten.
Darin gleicht diese Stadt ihren Schwestern Rethymnon
und Chania. Nein, ich wollte nichts einkaufen, nur
gucken. Und dann lachten diese Schuhe aus Leder, diese hinten offenen Zehensandalen, mich einfach an. Der
Ladenbesitzer ebenfalls! Oh je, was für ein schöner
Mann. Ich überlege immer noch, an welchen Schau-
spieler er mich erinnerte. Seine Locke fiel auf die genau
richtige Weise aus seinem dunklen dichten Zopf; er war
leise, sensibel und zuvorkommend. Eine Freude, so
bedient zu werden, ach! Die dunkelbraunen Slipper
besitzen Schlaufen für die großen Zehen; und ich frage
mich, ob solchen Schuhe die Kopf-Nacken-Region
besonders stimulieren – wenn man bedenkt, dass auf
den Fußsohlen der gesamte Torso abgebildet ist, worauf sich ja die Reflexzonenmassage stützt. Also, es
wäre mir jedenfalls recht.

Ich war jedenfalls hoch entzückt – von den Schuhen,
in denen angeblich auch einheimische Werktätige den
ganzen Tag über bequem umherlaufen; von dem
Prinzen, als Verkäufer verkleidet, der mich darüber

unterrichtete in seinem sanften Ton. Vor lauter über-
fließender Begeisterung, die Ralf ergriffen haben muss,
erwarb auch er sich etwas: Ein superleichtes Baumwoll-
hemd mit weißen und hellblauen Streifen. Und wenn
wir so weiter machen, dann sorge ich mich um unsere
Reisekasse (sich Sorgen machen, ja, ja; das ist auch so
ein ewiges wie vollkommen überflüssiges Thema). Geld
gebe ich intuitiv aus; ich rechne nicht, bin nicht berech-
nend (das war ich übrigens noch nie). Das Risiko dabei
ist, dass ich ab und zu in eine Art Schockzustand falle
und mich nicht mehr auskenne. Was ist richtig? Was ist
falsch? Keine Ahnung. *Geld muss fließen. Halte deine
Ersparnisse zusammen. Wenn du nichts ausgibst, kann
nichts zu dir zurückkommen. Wer spart in der Zeit, der
hat in der Not.*

In mir beißen sich lauter einander widersprechende
Grundsätze. Glaubenssätze.

Lieber Gott, DU hilfst mir, ja?!...

In einer herrlich bunt bemalten Kirche sagte ich danke dafür, dass es uns so gut geht und wir uns all dieses
Schöne hier so unverdrossen leisten können. Wir zündeten schlanke gelbe Kerzen an, für alle Lieben, für uns
auch – und natürlich für den oder die ankommende/n
„Ziepy Mac Ziep", die oder der durch die Sohnesfreun-
din auf dem Weg zu uns ist.

In einer Kirche sitzen mit Ralf, da weiß ich es wieder,
dass es mit uns „passt", auch wenn es manchmal hakt
und rumpelt... Durch seine Augen sehe ich Dinge, die
ich alleine nie bemerkt hätte. Ein Lächeln in einem
Heiligengesicht. Eine Blume, die auf einem Stein
wächst. Worte, die geschrieben stehen.

Nach drei Stunden im Archäologischen Museum (das
Hirn wollte nichts mehr aufnehmen, auch wenn es

noch vieles zu sehen, zu lesen, zu bestaunen gegeben hätte) wanderten wir die Stadtmauer ab und erreichten auf einer kleinen Anhöhe das Grab des verehrten Dichters Nikos Kazantzakis, der den Alexis Sorbas schrieb. Er schaut von da aus direkt aufs Meer und hinterließ uns sein Lebenscredo: *„Ich erwarte nichts, ich fürchte nichts – ich bin frei.“*

Ach!

Wenn ich doch bloß schon soweit wäre!! Mir scheint, ich erwarte noch Dinge, ich fürchte andere – und ganz frei bin ich also nicht; auch, wenn ich in meiner üblichen Komfortzone manchmal andere Visionen meiner selbst und des bereits erreichten Entwicklungsstandes hege (in diesem Tagebuch vermutlich nachzulesen). Aber danke, dass ich durch Nikos gestern wieder daran erinnert worden bin – oft ist es ja nur das: Die Erinnerung und die daraus resultierende <u>Bereitschaft</u> zur eigenen positiven Veränderung. Auf seinem Stein sitzend, wusste ich jedenfalls, dass es für mich nur diesen einen Weg gibt; ich muss schreiben. Nikos hat es verstanden.

Jemand sagte letzte Woche, vielleicht sei der Anspruch, jeder müsse seine Bestimmung finden und leben, ja ein Luxusproblem. Das mag sein, damit kenne ich mich im Allgemeinen nicht aus. Aber für mich stimmt das so nicht! In meiner Inkarnation, wenn man so will, da muss es sein, ich bin soweit, die faulen Kompromisse liegen hinter mir. Ich habe es ja alles gelebt und versucht, bin gescheitert und bin dadurch klar geworden. Der große Dichter nickte und stimmte mir zu. Er sagte, er habe damals auch keinen Weltbestseller geplant; stattdessen hat er auch nur „Seins" verarbeitet in einem Roman, dessen Zeit gekommen war und der dann eben zum Ruhme seiner göttlichen Heimat weltbekannt wurde. Aber das Wichtigste ist das Schreiben selbst, die Inspiration, und dass man sie lebt, zu hundert Prozent. Da waren wir uns absolut einig, er und ich. Außerdem verwies er auf meine Begleitung. Ralf, der alles versteht. Er ist der beste Partner für eine Künstlerin wie mich, und ich soll dankbar sein für einen solchen Gefährten, an dem ich vieles lernen und üben kann, der mich aber grundsätzlich immer in meiner Herzensarbeit unterstützt. Ja doch, Nikos Kazantzakis. Ich sage ja schon danke, und ich weiß das alles, und mein rosa Dankbarkeitsstift ist auch schon wieder beinahe leer geschrieben...

Unser Abendessen fand im „Peskesi" statt, einem kleinen Lokal mit original kretischer Küche in Heraklions Altstadt. In einer Gasse stand unser Tischchen; es gab Berge von Salat, mit Tomaten, Gurken, Artischocken, Kapern und kretischem Rahmkäse (eine Art Quark, sehr sahnig und lecker). Zwiebeln, natürlich; und Rote Bete, Knoblauch, Kichererbsen. Eine Oma hatte ihrem Enkel einst zum Mittag Muschelnudeln serviert, teils gekocht, teils frittiert – und, als er schon saß und sich heißhungrig über sein Essen hermachen wollte, ihm eigenhändig – „Moment noch!" gütig mahnend – Käse darüber gerieben. Nun kocht dieser längst erwachsene Enkel selbst in seinem eigenen Restaurant, serviert die altbekannten Speisen seinen danach lechzenden Gästen und tritt mit der großen Käsereibe seiner Oma an jeden Tisch, wo es gewünscht wird – und bedient sie ohne Hast. Zu trinken gab es kretische Brause, sehr süß, mit Zimt. „No alcohol", hatten wir gesagt. „And wine?", kam die Frage zurück...

In der Nacht hatte ich einen seltsamen Alptraum. Ein Hochhaus. Irgendeine Notsituation; alle mussten wir evakuiert werden. Nur das Töchting saß mit ihren Kollegen in einer der Etagen fest. Wir sollten ihr nichts sagen – um ihr die Aussichtslosigkeit ihrer Lage nicht noch bewusst zu machen. Die Fahrstühle funktionierten nicht mehr, das Treppenhaus war unbenutzbar, wir konnten sie nicht retten. Das war ein furchtbarer Zwiespalt für mich! Meine Tochter! Ein Teil von mir! Und ich sollte tatenlos zusehen, wie sie ahnungslos umkam?

Am Ende lagen wir uns in den Armen; also muss sie sich irgendwie gerettet haben. Aber das Gefühl war schrecklich und ließ mich jäh erwachen, nachdem ich ohnehin lange nicht in den Schlaf gekommen war. Das Gefühl der totalen Machtlosigkeit und der tiefen Trauer. Kommt DAS hoch, wenn mein Gerüst aus Alltag wegfällt?

Ich erwarte nichts. Ich fürchte nichts. Ich bin frei.

Ja doch. Danke, Dichter.

PS: Eine Sache lässt mich ganz verzweifelt fühlen: Meine Handschrift. Hier sitze ich im Hotelzimmer an einem dunklen Schreibtisch und fülle diese Zeilen praktisch „blind". Wenn ich jedoch hinaus ins Licht gehe, ist es noch schlimmer – weil ich dann etwas sehe und mich ständig für diese Hieroglyphen selbst – Ha! – kritisiere. Ist das am Ende vielleicht doch eine Blockade, eine Art Schreibkrampf? Im Archäologischen Museum von Heraklion ist ein Diskus ausgestellt, ein Fundstück aus Ton aus dem Palast von Phaestos, über und über voller Bilder und Zeichen, die kein Mensch deuten und entziffern kann. Wird das am Ende auch so sein mit meinen Tagebüchern? Keiner kann sie lesen und entziffern – nur ich selber, und auch das nur mit sehr viel Glück...?

## Montag, 18. Mai 2015 – Tschüß, Heraklion!

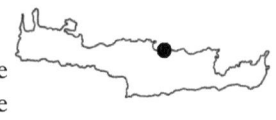

Erst ganz am Ende unserer Reise kommen wir noch einmal für eine Nacht hierher. In fast vier Wochen, Insch´Allah.

Unsere Führerin durch den Palast von Knossos war um die vierzig, hat ihre ersten sieben Jahre in Deutschland verbracht und dann einen kretischen Mann geheiratet. Jetzt lebt sie mit ihm und ihren beiden Kindern auf einem ganz kleinen Dorf dieser Insel. „Ich bin eine kretische Frau", sagte sie uns mit einigem Stolz, zeigte uns wie zum Beweis ihre großen braunen Augen, indem sie die Sonnenbrille kurz abnahm und erläuterte, wieso man sich hierzulande so sehr vor Menschen mit blauen Augen in acht nimmt, dass es Schmuckanhänger und Dekosteine mit diesem Symbol – ein blaues Auge – überall zu kaufen gibt, zum Schutz und Banne, gewissermaßen. Sie selbst nutzt jetzt ihre Deutschkenntnisse für diesen Job, der ihr sichtlich Spaß macht. So wie meiner mir. Wir erkennen uns gegenseitig, wir Berufenen. Man strahlt es einfach aus, man kann es sehen von Mensch zu Mensch…

Zuerst hatten wir es allein zu zweit versucht. Die lärmenden Angebote der deutschsprachigen Palastführer erschienen Ralf zu aufdringlich am Eingang. Mir eigentlich auch, ich war vielleicht nur nachgiebiger gestimmt unter der griechischen Sonne. Beinahe wäre ich eingegangen auf jene auf uns Einredenden, die uns fast beschworen, wir sollten nicht das Risiko eingehen, das Beste zu verpassen mit unserem ahnungslosen Touristenblick. Wir wollten es nicht glauben, vermuteten Nepp, Geldgier und so weiter. Und das, obwohl einer der Herren sogar anbot, uns kostenlos zu leiten, sollte unsere ablehnende Haltung am Ende gar mit mangelnder Finanzkraft zusammenhängen. Es war eher mangelndes Vertrauen in die Lauterkeit der sich uns dergestalt Anbietenden. So blieben wir beim Nein und brachen ohne sie, die nun Kopfschüttelnden mit ihren Namensschildchen um den Hals, allein zu zweit auf.

Na gut. Erfahrung macht klüger, wenn es gut läuft, und so sahen wir anderthalb Stunden später tatsächlich ein, dass wir auf uns allein gestellt nichts als verstreute und frisch aufgebaute alte Steine erkennen konnten. Recht ratlos irrten wir umher in diesem Labyrinth und hielten zunehmend sehnsüchtig Ausschau nach unserer „Ariadne" mit dem rettenden Faden. Da stand sie: Klein, zierlich, in eng anliegenden Radsportklamotten und mit langen blonden Locken, die der Wind, wie er es wollte, mal hierhin, mal dorthin zauste.

Die junge Frau war bereits von drei Paaren umringt, und ihre Führung fing gerade an. Gut, dass wir nun in einiger Demut einzulenken bereit waren und unsere Egos überwinden konnten, wieder einmal ein Stück. Jeder Stein trägt nämlich ein geheimes Zeichen, alles atmet Symbolik, die alten Sagen und Geschichten hätte uns keine Bö zugeweht; dazu brauchte es schon die Stimme einer echten kretischen Frau. Ohne einen solchen Kenner der Materie, wie sie es ist, hätten wir all dies niemals herausfinden können. Also danke, liebste Götter, dass ihr uns diese moderne Fee geschickt habt. Zwei Stunden später wussten wir Bescheid über den Boden, auf dem wir wandeln durften und zahlten ihr, der Freiberuflerin, die verlangten zehn Euro gern und mit Bonus.

Ein Land im Aufbruch. Das ist unser erster gefühlter Eindruck. Junge Leute, die Restaurants aufmachen und auf traditionelle Weise am Leben erhalten. Das war im „Peskesi" so – und im „Veneto" mit Dachterrasse zum Meer erst recht. Die junge Touristenführerin scheint auch dafür zu sprechen. Unsere erwachsenen Kinder wollen das ja wissen, wie es sich von innen heraus anfühlt, nicht die Griechenland-Berichterstattung von ARD und ZDF. Von innen. Na ja. Wir geben unser Bestes, in die Alltagssituationen einzutauchen; aber am Ende bleiben wir doch nur Reisende, Durchreisende. Vier Wochen sind viel und auch wieder viel zu wenig. Wir werden sehen.

Also Knossos – für mich ein Moment tiefer Berührtheit, als die Liebesgeschichte zwischen Ariadne und ihrem schönen Prinzen erzählt wurde. Liebe wurde in allen Zeiten verstanden und überliefert. Ich setzte rasch meine Sonnenbrille auf. Die Augen funkelten sehr verräterisch, und nicht immer sollen Fremde in meine Seele blicken dürfen.

Schon viele schöne Jünglinge waren gescheitert in jenem Labyrinth, in dem sich der Minotaurus befand, ein Ungeheuer, das natürlich jeden vernichtete und fraß, der ihm zu nahe kam. Bis Theseus kam, in den die Ariadne sich unsterblich verliebte. Daher gab sie ihm den Faden, mit dessen Hilfe er aus dem Labyrinth wieder herausfand, nachdem er heldenhaft – vielleicht ermutigt auch durch eben ihre Liebe – den Minotaurus getötet hatte.

„Dieser Prinz lebt heute in Heraklion und verkauft Schuhe, Hemden im Basar", sagte Ralf mit Blick auf mich, und wir dachten beide zärtlich an jenen jungen Mann, der so schön und sanft war und einem Film entsprungen schien. A propos Film: Sie sind hier übrigens sehr stolz darauf, dass „El Greco" in historischen Gemäuern Heraklions gedreht wurde! Ich sah Aufsteller mit Filmszenen in der Stadt. Vielleicht sehe ich mir zu Hause den Streifen mal an. Wer weiß...

Die lange Mole am Hafen gehört für mich zu den zwanzig schönsten Wanderwegen, die ich kenne. Eine Stunde lang, ich hatte es bereits erwähnt, flaniert man am Meer auf ihr entlang – und am Ende kann man auf der zwei Meter dicken Mauer die großen Fähren bei ihrer letzten Kurve aus dem Hafen heraus betrachten – so wie die Flugzeuge beim Starten und Landen. Leider wurde mir ein wenig schwindelig dabei – so viel Weite, das Wasser, das keine Balken hat und das hereinbrechende dämmerige Zwielicht, dann die nächtliche Dunkelheit... In meinem Kopf tauchten ungebeten lauter Visionen auf, was alles geschehen *könnte.* (Fotoapparat – wahlweise abgestreifter rechter Flipflop-Latsch – rutscht an den Rand, droht ins Meer zu fallen, Ralf hechtet danach und stürzt ab – solche Dinge aus dem Sorgenschatzkästlein einer Frau und Mutter!!) So konnte ich die Situation nicht recht genießen – und schon gar nicht auf romantische Weise halb hingestreckt in meines Liebsten Arme sinken. Das gab Gesprächsbedarf und brachte uns vielleicht voran – will heißen: Einander näher. Hoffentlich.

„Durch dich gehen Risse hindurch", sagte der liebste Gefährte auf dem Rückweg. Diese Risse zeigen sich ab und zu; zwischen all meinem Mut, meiner Lebensfreude, meiner Tapferkeit. Tja. *„There is a crack in everything; that´s how the light gets in",* singt Leonhard Cohen in seinem Lied „Anthem". In allem ist ein Riss; so kommt das Licht herein. Ja! Wer wüsste das besser als ich... *„Forget your perfect offering."* Mache ich doch schon, Leonhard. Ich vergesse es, ich gebe es auf, mir einen perfekten Anschein zu verpassen. Gerade jetzt. Gerade hier, auf dieser Reise, die so einzigartig ist, so unwiederholbar – wie alles andere auch. Man weiß es manchmal nur nicht so genau. Dass man alles nur ein einziges Mal erlebt – und dann nie wieder. Nie wieder so. Niemals so wie in eben diesem einen, wundervollen Moment. Ich weiß es – jetzt.

Oder?

Hat Leonhard Cohen, hat Nikos Kazantzakis sich auch so viel mit den Dingen einer langen Partnerschaft herumgeschlagen wie ich? Will ich das überhaupt so genau wissen?

Manchmal – eigentlich oft – ist mir die Frage wichtiger als die mögliche Antwort darauf.

So. Genug philosophiert. Es geht los.

Wir holen unseren Mietwagen ab, und dann fahren wir ins Blaue – nach Osten auf jeden Fall. Wenn es gelingt, dann wollen wir die Insel einmal ganz umrunden, und immer morgens noch nicht wissen, wo wir am Abend schlafen werden. Ich finde, ich mache das gut – beziehungsweise, ich „lasse" machen, von Zeus und allen schlafenden, wachenden Göttern. Mögen sie uns weiter tragen und hilfreich leiten...

## Dienstag, 19. Mai 2015 in Milatos auf Kreta

Zwei Tage Station machen in einem Paradies östlich von Malia und Sisi und so weiter. Alle Namen der Orte, die wir gestern im Fiat Panda durchstreiften, habe ich mir nicht gemerkt. Da sollte ich am Ende vielleicht meinen Kartografen Ralf bitten, die gesamte Strecke zu skizzieren. Ich habe so viel zu tun mit schauen, einsaugen, staunen. Wir verfuhren uns, nicht nur einmal, was aber gut war, weil wir dadurch so viel schöne Landschaft sahen – und weil man sich nicht wirklich verfahren kann, wenn man Zeit hat, die Sonne scheint und das Ziel nur ein ungefähres ist: Kretas Osten.

Auf dem Weg zur Autovermietung frühstückten wir in einem Kafénion (Ralf nur schwarzen Kaffee, wegen „immer montags Fastentag", klar) und freuten uns an diesem leichten Leben: Überall, wohin man schaut, wird Orangensaft ganz frisch gepresst, Cappuccino Freddo ausgeschenkt, für wenig Geld ganz unkompliziert frisch Gebackenes serviert. So lässt es sich entspannt in den Tag starten. Danke.

Im Auto endlich auch mal <u>sitzen</u> – nach all dem vielen Umherlaufen in Heraklion, das empfand ich tatsächlich auch mal als eine Labsal. Zu Mittag erst hielten wir wieder an, am verwunschenen Hafen von Malia, wo ich nichts Besseres zu tun hatte als zehn heiße gefüllte Weinblätter mit Tsatziki zu verspeisen – und dazu dickes helles Brot in Olivenöl. Ralf schaute zu, nippte an seinem Wasser. Und ich darf nicht „übergriffig" sein – zum Beispiel der Bedienung namens Katharina (!) erklären wollen, warum mein Mann am Montag nichts isst. Das erledigt er schon selber, dazu braucht er nicht ein vorlautes Weib wie mich. Eine Partnerschaft ist voller Stolperstellen, und man macht jeden Tag so viele Fehler, dass es ganz automatisch klar ist: Ich KANN als menschliches Wesen nicht perfekt sein, es geht einfach nicht. Das wirkt gerade wie eine Erlösung auf mich. Die Einsicht befreit.

Ich sitze übrigens auf einer Terrasse, auf der es jetzt schon (um 8.30 Uhr) so heiß ist, dass ich wieder reingehen muss. Ich schreibe ja immer morgens, rückblickend auf den vorangegangenen Tag. Außerdem haben wir hier, wo wir nun abgestiegen sind, mit Frühstück gebucht, und das werde ich erst einmal einnehmen. Ich erzähle danach weiter... (Pause!)

10 Uhr: Das Frühstück war super! Weltklasse!

Johanna, unsere Wirtin, bäckt ihr Brot aus vier verschiedenen Getreidesorten selbst – und den Kuchen noch dazu. Johanna ist eine ehemalige Apothekerin und ihr Mann Paris ein pensionierter Chirurg. Er habe dreißigtausend Operationen durchgeführt, sagte er uns gleich zur Begrüßung voller Stolz auf seine Lebensleistung. Er wittert jede Chance, sein Deutsch auszuprobieren, schon im Ansatz – und nutzt sie ohne Umschweife. Er lässt erst ab von seinem Gegenüber, wenn er alles losgeworden ist, was er wahrscheinlich immer sagt: Das mit seinem Beruf, das mit dem sensationellen Gebäck seiner Frau, das mit dem Anwesen, das sie sich hier geschaffen haben. Die beiden setzten ihr Geld jedenfalls nutzbringend ein: Wie früher auf der Hazienda der Schwiegereltern im Norden von Berlin herrscht ringsum Dürre und Verfall – und dazwischen eben diese blühende Oase mit einem beheizten Meerwasserpool, den wir gestern Abend unter den wohlwollenden Blicken von Johanna und Paris schon durchschwommen haben, voller Glück. Paris zeigte mir den Knopf, den ich für den lossprudelnden Whirlpool drücken muss – und betätigte ihn gleich selbst. „Jacuzzi", seufzte er fast und wartete auf mein

33

begeistertes Glucksen, das ich ihm wahrlich nicht verwehrte. Das Herz hätte ich nicht gehabt.

Das gute nahrhafte Frühstück habe ich gebraucht, mein Kopf hatte sich bereits mahnend bei mir gemeldet. Ja doch, okay Hirn, du bekommst Treibstoff, und zwar sehr feinen. Während der Mahlzeit spielte Johanna uns eine CD vor, Musik von der Band ihrer Tochter und deren Ehemannes mit original kretischer Musik. Die sechsunddreißigjährige Schöne hat die Apotheke ihrer Mutter übernommen; Gesang und Zimbelspiel sind ihr geliebtes Hobby, auch die Texte schreibe sie selbst. Das Letztere erfuhr ich, als ich erzählte, ich sei ein „writer". Das hier sei doch ein wundervoller Platz zum Schreiben, sagte Johanna – und ja! Ich finde das auch – während ich nun wieder hier auf dieser inzwischen schattigen großen Terrasse sitze und – wenn ich den Kopf hebe – auf Palmen und aufs Meer schaue. Auf die Nachbarterrasse ebenfalls, auf der eine sehr stille Frau wandelt, meistens sitzt und liest, die, wie ich gestern schon sah, offenbar Parkinson hat. Es muss beruhigend sein, Urlaub zu machen, wo man ungestört ist und die Vermieter Apothekerin und Arzt sind, denke ich.

Also wirklich: Ein ganz herrlicher Platz zum Schreiben.

Die Musik von Johannas Tochter und Band klingt orientalisch und hat mich so berührt, dass mein Marmeladenbrot etwas salzig schmeckte mit der Zeit. Schwermütige Klänge, in die Tiefe reichend. Eine Operation an der offenen Seele, und das schon zu Tagesbeginn. „Eran" heißt die Gruppe, was soviel bedeutet wie „Just love". Einfach nur lieben. Sage ich doch.

In dieser Vorsaison bekommen wir das Zimmer mit Frühstück für fünfzig Euro. Noch vier Wochen später kostet es achtzig Euro – und Frühstück muss man extra dazu buchen, für fünf Euro pro Person. Was haben wir doch für ein Glück, um diese Jahreszeit reisen zu dürfen. Ich habe mir das ja weiß Gott nicht so ausrechnen können. Als ich jung meine Kinder bekam, hätte ich mir wirklich nicht träumen lassen, jemals nach Griechenland, Kreta fliegen zu können. Woher hätte ich so etwas Verrücktes denn wissen sollen?!!

Ich schreibe jetzt auch nicht mehr „blind", wie in Heraklion im Hotel. Die Sonne leuchtet auf mein Blatt und lässt mich glauben, ich sei wieder jung und bräuchte keine Brille. (Kaum DENKE ich darüber nach, schon wird das Schriftbild wieder unleserlicher. Der Kopf, der Kopf, der Kopf!) Ein stiller Ort, ein idealer Platz zum Schreiben, aber wir wollen ja noch mehr sehen von Kretas Osten. Diesen einen Tag gönnen wir uns noch hier – und dann fahren wir weiter.

„Ich will nicht fort. Ich will hier bleiben", sagte ich zum Ralf. „Das hast du in Heraklion auch schon gesagt", erwiderte er. Ach ja. Ein Zeichen dafür, dass mir wirklich gefällt, was wir tun.

Wie alt mag Paris sein? Wir schätzen achtzig, mindestens. Und Johanna? Zwanzig, fünfzehn Jahre jünger als er, ganz bestimmt. Welche Liebesgeschichte mag dahinter stehen, hinter diesem Paar? Wir sind nicht lange genug bei ihnen, um so Vertrauliches zu erfragen. Ich sehe natürlich vor mir, wie ein Arzt sich Medikamente liefern lässt von dieser zauberhaften Apothekerin mit ihren großen schwarzen Augen. Und mir fällt wegen seines Namens auch die griechische Sage ein: Paris ist in der griechischen Mythologie der Sohn des trojanischen Königs Priamos und der Hekabe. Er ist damit der Bruder von Hektor und Kassandra, wie man auf Wikipedia gut nachlesen kann. Insgesamt hatte er mehr als fünfzig Geschwister und Halbgeschwister und löste den Trojanischen Krieg aus, indem er Helena entführte. Eines Tages erschien ihm Hermes, der Götterbote, der ihn bat, unter den drei Göttinnen Hera, Athene und Aphrodite die Schönste auszuwählen, woraufhin diese versuchten, ihn zu bestechen. Paris trifft sein Urteil. Nachdem ihm Hera Macht versprochen hatte, falls seine Wahl auf sie träfe, Athene aus demselben Grunde Ruhm, entscheidet er sich für Aphrodite, die ihm die Hand der schönsten Frau auf Erden, nämlich Helena, fest zugesagt hatte. Die beiden anderen Göttinnen waren natürlich enttäuscht und rächten sich an ihm. Auf welche Weise, das möge jeder selbst nachlesen, das führt für diesen Text zu weit, finde ich.

Mir kam das Urteil des Paris nur in den Sinn, als ich dieses männlichen Exemplares gleichen Namens ansichtig wurde. Mir scheint, auch dieser Arzt hat seine Wahl getroffen.

Nun ist Ralf fort. Es hatte ihm einfach keine Ruhe gelassen, dass unser Fiat Panda keine Klimaanlage hat, obwohl er ein Auto mit einer solchen bestellt hatte. Nun will er über die Autobahn nach Heraklion zurückfahren (etwa vierzig Kilometer, davon fünf „Schnecken"-Kilometer über die Berge) und das Auto eventuell umtauschen. Er hatte *mit* air condition gebucht und bezahlt – er *muss* handeln.

Ich kenne dieses Gefühl, wenn einen etwas umtreibt und man schon weiß, das geht nicht einfach so vorbei. Hier geht es um den zweiten Teil des Gelassenheitsgebets: „Dinge ändern, die ich ändern kann." Noch sind wir in der Nähe. Noch stehen wir ganz am Anfang unserer Tour. So lasse ich ihn ziehen, er fährt alleine los, und ich habe Zeit, zu mir zu kommen. Vielleicht ist das auch mal ganz gut, so zwischendurch. Also vorsichtshalber: Danke im Voraus! Ich werde mich zu entspannen suchen und keine Angst haben. Was denn eigentlich für eine Angst? Welche käme infrage? Angst, zurückgelassen zu werden? Vergessen? Verlorensein?

Johannas Hund heißt Rudi und kann sich in lustigen Yoga-Posen vorwärtsbewegen. Bhujanga Asana, die Kobra. Dann will er Beifall haben. Mensch, Rudi. Für Yoga darf man doch kein Lob erwarten. Die Belohnung ist im Üben selbst enthalten. Dass du das aber auch nicht weißt, du possierliches Getier.

Dieses Dorf ist eine Aneinanderreihung von Tavernen. Es liegt malerisch in einer großen Bucht (natürlich malerisch – wie fast alles hier an der Küste! Auf Kreta gehen einem irgendwann die Superlative aus, und man hört sich selbst nur noch banale Fertigstücke murmeln...) und wird von einer noch zu betonierenden breiten Baustraße gestört, die zu einem schicken, neuen Resort führt wie in eine ganz andere Welt. So wie in Marrakesch. So wie in Dubai. So wie auch auf Mallorca. Das Neue und das Alte. Das Teure und das Ursprüngliche. Ganz dicht nebeneinander. Als sollte uns dafür noch ein zusätzliches Bild gegeben werden, trafen wir beim Spazierengehen auf ein sichtlich angeheitertes englischsprachiges nicht mehr ganz taufrisches Paar. Wir waren auf dem Weg vom Resort und einem neugierigen Blick über dessen Zaun zurück ins Dorf, die beiden anderen genau umgekehrt, auf dem Rückweg vom Dorf in ihre Nobelherberge mit den vielen

Sternen, die sich deutlich abgrenzt gegen Unbefugte. „Only for our guests", sagen Schilder an eben jenem Zaun, über den wir gelugt hatten. Ab hier nur Zutritt für unsere Hausgäste. Ja doch!

Also dieses andere Paar. Wir grüßten einander artig, interessierten uns füreinander. „It is nice there", sagte die Dame im Designerjäckchen und wies auf Milatos Beach. Ich radebrechte, dass ich ihr zustimme und wir dort auch residierten. „I have a hotel", sagte ich treuherzig und bemerkte meinen Fehler, als ich die trüben Augen des Mannes jäh aufleuchten sah. „Oh, really?", startete er eine eingeübte Charme-Offensive in meine Richtung. „No, sorry. What I wanted to say is: We live in a hotel in this beautiful village", korrigierte ich mich, und sein Blick erlosch. Wie sein Interesse. Die noch im Anfangsstadium befindliche Offensive wurde zurückgefahren. Alles auf Anfang. Nun aber rasch verabschiedet und ins Bettchen. Zu dem baufrischen Resort befragt, zuckte die Frau gelangweilt ihre teuer betuchten Achseln. „Well – it´s okay." Zwei, drei Nettigkeiten – und Tschüß. Wir hatten uns nichts zu sagen.

Mir ist übrigens niemals langweilig – ob im Resort oder im Land-Appartement Porto Bello oder auch zu Hause in Berlin. Welch ein Glück! Was für eine schöne Mitgift, eine Gabe des Lebens, von Gott. Ich kann mir nichts darauf einbilden, denn ich habe diese Eigenschaft nicht selbst gemacht. Aber ich darf sie nutzen und mich bewusst an ihr erfreuen, ja, das darf ich.

Eine Freundin fragte mich neulich danach: „Ist dir eigentlich manchmal langweilig?" Das war gut, so machte sie es mir einmal mehr bewusst. „Nein, nie!", antwortete ich ihr wahrheitsgemäß. Mir ist bestimmt alles Menschenmögliche, aber langweilig – nie.

Hurra. Danke.

Hier kräht der Hahn, und nachts bellen die Hunde. Wir sind mitten im kretischen Dorf, wie in Rodakino, wo wir – Insch´Allah – in zwei Wochen auch noch hinkommen werden. Mit welchem Auto auch immer. Schade eigentlich um den Panda, in so kurzer Zeit hatte ich mich doch schon an ihn gewöhnt.

Ich werde diese CD kaufen mit dieser traditionellen Musik, die vorhin beim Frühstück so mein Herz berührt hat. Ich möchte sie mit nach Berlin nehmen und eventuell dem Töchting schenken. Die jungen Leute haben auch ein Gefühl für die schönen Künste.

An den üblichen Meetingstagen, an denen ich zu Hause in der Gruppe sitze, sprechen wir gemeinsam den Gelassenheitsspruch; wir halten einander an den Händen dabei und schauen uns tief in die Augen. Gott, gebe mir die Gelassenheit, Dinge hinzunehmen, die ich nicht ändern kann, den Mut, Dinge zu ändern, die ich ändern kann – und die Weisheit, das Eine vom Anderen zu unterscheiden. Wir tun dies zu genau derselben Stunde, wenn auch die Freunde diese Worte gemeinsam sprechen, einander ebenfalls im Kreis an den Händen haltend. Die Zeitumstellung rechnen wir zurück.

Wir atmen brav den Leber-Rhythmus aus Pancha Sahita im Yoga. Alle guten Dinge haben wir von Zuhause hierher mitgenommen. Vor allem unsere Liebe. Loslassen und mitnehmen. Es gehört beides zusammen.

Ich gehe jetzt an den Strand und warte dort auf Ralfs Rückkehr aus Heraklion, mit welchem Auto auch immer, Hauptsache gesund und unversehrt. Gestern stand im HEUTE-Buch von AA das erste Versprechen beschrieben: Zuerst kommt die neue Freiheit vom Alkohol, der danach aber immer weitere Freiheiten folgen. Das kann ich aus eigener Erfahrung hundertprozentig bestätigen. Ich darf trocken sein, für heute; und dadurch kann ich solche herrlichen Dinge leben wie zum Beispiel jetzt gerade diesen Urlaub, der für mich so nur nüchtern und clean vorstellbar ist. Wer Alkohol trinkt oder damit umgehen kann und vielleicht freiwillig darauf verzichtet; wie soll der das verstehen! Da gibt es keine Gleichmacherei. Aber eben Liebe. Die gibt es. Zum Glück. Ja.

Ich stelle fest, ich brauche das sehr, zwischendurch auch mal wieder allein für mich zu sein und still zu mir zu kommen. Danke, lieber Gott, für alles.

(Später am Tag) Ralf kam schneller zurück als gedacht! Er hatte unterwegs den Schalter für die Klimaanlage gefunden und musste gar nicht bis Heraklion zurück fahren. Alter Schalter! Im wahrsten Sinne des Wortes. So kann es gehen.

Und wir benutzen also weiter den Fiat Panda mit dem Kennzeichen **ANK** (ich „kombiniere": des Töchtings und mein Vorname zusammengenommen und abgekürzt) **4296** (Deutung dieser Zahlenkombination noch ungewiss; verschiedene Möglichkeiten... Yantra Yoga-Ziffern, eventuell – aber das führt an dieser Stelle zu weit, will mir scheinen!).

### Mittwoch, 20. Mai 2015 in Milatos und Milatos Beach auf Kreta

Heute ziehen wir weiter in Richtung Kretas Osten – nach einem Ruhetag am stillen Strand hier – und in Johannas und

Paris´ beheiztem Meerwasserpool nicht zu vergessen...
Spandha – Nispandha, wie es im Yoga heißt.
Anspannung – Entspannung. So kann es gelingen!
Darin besteht ein großer Teil der Lebenskunst. Ja.

Hier könnte ich prima wochenlang schreiben, ach!
Vormittags arbeiten und nachmittags in der Sonne
beziehungsweise im Schatten liegen – und immer so
weiter. Ich wiederhole mich. Ich weiß. Aber würde ich
auf diese Weise denn auch etwas erleben, worüber es
sich zu schreiben lohnt?

Uns mit Johanna und Paris verbrüdern, das wollen
wir beide nicht. Seit gestern sind auch noch andere Berliner hier; die Gefahr einer Gruppendynamik steigt.
Aber wozu solch eine Urlaubs-Kuschelei? Berliner kennen wir schon; dazu müssen wir nicht nach Kreta
reisen.

Aber ach! Und dieses göttliche Frühstück mit dem
selbst gebackenen fluffigen Brötchenbrot aus vier oder
viertausend verschiedenen Getreidesorten!!! Ich freue
mich jetzt schon darauf. Dieses eine Mal darf ich es ja
noch genießen.

Aus einem Missverständnis heraus habe ich gestern
Abend in einer Taverne Seebarsch für – oh je – achtzehn Euro gegessen. Fisch ist auf dieser Insel ja das
teuerste Gericht überhaupt; diese Gewässer sind leider
so gut wie leer gefischt. Und ich gönne mir einen solchen Happen! Ich spüre jetzt noch ein schlechtes
Gewissen deswegen inside. „Ach Katrin," seufzt Ralf,
„was wir hier haben, das ist doch sowieso nicht mit
Geld zu bezahlen." (Er mag nicht meine Jammerei, wir
gäben zuviel aus.) Ich hatte eben beim Blick in die
Kühltruhe in der Tavernenküche missverstanden, dass
ein Kilo dieses Prachtexemplares von Meeresbewohner

41

– jetzt kalt und tot und ungegrillt noch, *noch*! ungegrillt, aber jedenfalls nicht mehr lange – achtzehn Euro kosten sollte; meinte aber, ich käme mit einer sehr viel kleineren, leichteren Portion aus, also am Ende einem Bruchteil jener Zweimal- Neun-Summe. So kann man sich täuschen!

Was soll's. Es war nicht mehr zu ändern. Und solche Dinge, die ich nicht – mehr – ändern kann, die sollte ich ja angeblich hinnehmen und nicht ewig bedauern. Sagt der Gelassenheitsspruch, den ich immer wieder aufsage, anwende; an den ich glaube. Dieses Vierundzwanzig-Stunden-uns-Zusammenraufen und aneinander Annähern... Was wir hier haben, das ist nicht mit Geld zu bezahlen. Hat er gesagt.

In der Nacht fanden wir uns, und ich war wieder sechsundzwanzig. Wie üblich.

Morgens um acht Uhr brennt die Sonne schon so heiß auf unsere Terrasse, dass ich es kaum aushalte beim Schreiben; ich glaube, auch das sagte ich schon. Ich bin gespannt, wie weit wir heute kommen (wollen); wie lange es uns Spaß macht und wo wir übernachten werden. Ich bin müde und brauche dringend Johannas guten, starken Kaffee.

PS: Der Anlocker und Servierer in der Fisch-Taverne direkt am Wasser konnte sein Deutsch von einem Aufenthalt in Österreich her. Die steirische Färbung seiner Worte klang einzigartig und irgendwie besonders einladend. Vielleicht sind wir darum seinen Lockungen gefolgt und aßen eben gerade da. Merke: Alle Leute – na gut, viele – kommen rum, nicht nur wir! Später mehr. Siehe oben: Koffein-Entzug. Damit ist nicht zu spaßen. Wenn ich länger in Porto Bello bliebe, dann würde ich mir die erste Tasse morgens irgendwie an den Schreibtisch „organisieren". Danach fließen die Gedanken besser; und ich selber sehe auch frischer aus, wenn ich unten zum Essen erscheine.

(Nach dem Frühstück...) Ohne Frühstück hätte man hier auch buchen können; es gibt im Zimmer eine kleine Küchenzeile für warme Getränke und Speisen und so. Dann hätte es pro Nacht um diese Jahreszeit sogar nur vierzig Euro gekostet, lese ich an einer Liste, die an der Tür angebracht ist. Okay, sparen ist das eine. Aber dann hätten wir Johannas Produkte und vor allem das weiche, reichhaltige Brot verpasst, das ich nicht müde werde zu besingen. Es wäre ewig schade gewesen. Sparen ist nicht alles! Ralf hat recht. Ja.

Heute ist es windig, die Steine vom Strand – und der Reisestein aus Berlin, der immer und überallhin mitkommt – halten kaum die Tagebuchseiten. Dieser Wind wird uns weiter voran pusten in Richtung Osten. Noch so vieles wartet auf uns; haben wir noch nicht gesehen. Ich glaube übrigens, wir bekommen gar nicht so wenig Schlaf, wie ich manchmal denke. Das obligatorische Fernsehen am Abend fällt ja schließlich weg. Wie immer eine mühelose Umstellung für mich. So mühelos, dass ich mich frage, wieso ich zu Hause nicht längst auch darauf verzichte. Wozu brauche ich sie denn, die Glotze?

Vorgestern Nacht hatte Ralf einen alkoholischen Traum: Ich hatte Eierlikör getrunken und erklärte ihm – wie immer wortreich – warum mir das nichts ausmachen würde. Gott sei Dank nur ein Traum. Ich vergesse keine Sekunde, dass ich trockene Alkoholikerin bin und auf mich aufpassen muss. Ich denke an eine Frau, die von ihrem Rückfall nach einundzwanzig Jahren berichtete – auch, weil sie „spirituell hochmütig", wie sie es nannte, geworden war. Solche Aussagen sind sehr wichtig für mich, wie Zeichen auf dem Weg – oder Warnschilder. »Katrin, fühl dich nicht zu sicher. Alles kann dich zum Straucheln bringen, vor allem dieses ‚Ich habe es geschafft. Nun kann mir nichts mehr passieren – nach allem, was ich inzwischen weiß…‘. Nein. Es bleibt beim Heute. Trocken und clean, immer nur für diesen einen Tag.«

Danke dafür, dass ich diese Hinweise wahrnehmen kann. Ich hatte über eine Woche kein AA-Meeting, so etwas kommt sonst nie vor. Also Obacht. Schön vorsichtig sein. Demütig und selbstverantwortlich, Katrin. „Nur für heute“, lese ich auch in meiner allmorgendlichen Lektüre, meinem 24-Stunden-Buch. „Denn es ist immer heute.“ Wir haben nur diesen einen gegenwärtigen Moment. Das wissen alle Weisen, nicht nur die in der AA-Gemeinschaft. Ich lese es ja überall. Ich weiß es. *I am an alcoholic*, soll diese berühmte amerikanische Schauspielerin gesagt haben. *„It is not my fault, but my responsibility.“* Es ist nicht meine Schuld, aber meine Verantwortung. Genau!

(Circa siebzehn Uhr am Mittwoch, 20. Mai 2015:) Wir übernachten in Mochlos, einem stillen winzigen Ort am Meer (wo sonst, möchte ich fast sagen!) im neu gebauten Hotel Mochlos. Vierzig Euro im Doppelzimmer ohne – und mit Frühstück für Langschläfer (bis elf Uhr!!!) – fünfundfünfzig Euro. Willkommen im Himmel. Auch von hier will ich dann sicherlich nicht wieder fort – wie schon von Heraklion. Wie schon von Porto Bello. Die Fahrt auf Küstenstraßen war so schön wie im italienischen Film der Sechziger Jahre. Man „hört“ Vico Torriani singen und Caterina Valente und will ansonsten nur schweigen… Worte fehlen, um soviel

44

Zauber und Schönheit ausdrücken zu können. Danke für DAS.

Ralf diktiert mir die heutige Route: Paralia Milatou beziehungsweise Milatos Beach, Kounali, Anougias, Ende der Welt. Ein Fleckchen für Einsiedler, sogar die befestigte Straße endete – und dann auch noch der sich anschließende Schotterweg. Die Serpentine des Tages führte uns zurück nach Neapoli, dann über Fourni, Karidi, Valtos, Vrouches nach Plaka, wo wir einen Imbiss nahmen im plötzlichen Sturm am Strand gegenüber der früheren Lepra-Insel Spinalonga. Ich muss mir zu Hause den Roman „Insel der Vergessenen" kaufen, er handelt von dieser Quarantäne-Station, auf der bis Ende der Fünfziger Jahre noch Menschen lebten. Vielleicht wehte damals ein solcher Wind Schmerzensschreie der Sterbenden herüber. Heute grüßen leere Fensterhöhlen von drüben uns Gesunde. Mahnen sie uns? Und wenn ja, wozu? Wir ließen die Szenerie lange auf uns wirken und wurden sehr, sehr still.

In Elounda tranken wir Espresso und Cappuccino in einem Straßencafé. Weiter ging es nach Agios Nikolaos; beides sind Urlauberorte und Ferienhochburgen. Wir nahmen lieber die Old National Road Richtung Sitia bis zu riesigen Marmor-Steinbrüchen und dann weiter nach Norden, also hierher, nach Mochlos. Da sind wir nun. Vor uns ein Balkon und – das Meer.

### Donnerstag, 21. Mai 2015 in Mochlos

Das Hotel bewohnen wir, glaube ich, als allererste Gäste. Die Badtür schließt noch nicht ganz richtig beziehungsweise zu straff. Man muss ein wenig Gewalt anwenden, um sie zuzudrücken. Ein großzügiger Raum, dieses Doppelzimmer mit Blick zur Hauptkreuzung des Ortes. Eine High-Tech-Dusche mit verschiedenen Funktionen wie im Resort in Marrakesch. Ich mag es lieber einfach. Wenn ich eingeseift dastehe und erst ein Computerprogramm entschlüsseln muss, um das erlösende Nass auf mich zu lenken, dann verliere ich die Lust und fange an zu frösteln, innerlich und äußerlich...

Bis morgens acht Uhr war alles still, aber dann begannen viele lautstarke Aktionen zugleich, als hätten sich alle Werktätigen von Mochlos abgesprochen. Ein Bohrhammer dröhnte los, das Gülle-Auto fuhr vor, der Müll wurde eingesammelt, Männer schrien sich Kommandos zu; hohe Frauenstimmen riefen irgendetwas dazwischen, lachten auch. Ich staune, wie ruhig ich dabei geblieben bin. Ralf kam in mein Bett und wir kuschelten. Wir hatten alle Zeit der Welt; das teure Frühstück haben wir wieder abbestellt. Fünfzehn Euro sind zuviel. Den ersten Kaffee holte mein Gefährte vom Kiosk; etwas Marmorkuchen haben wir noch aus dem „Spar"-Markt im Gepäck.

Als wir gestern die erste Serpentine des Tages gefahren waren und irgendwann auf Holperwegen nicht mehr weiterkamen, da stiegen wir aus und liefen zu Fuß über einen Hügel. Aus. Ende Gelände – oder nein! – Ende der Zivilisation. <u>Gelände</u> war noch jede Menge da! Und außer verlassenen Hausruinen, einem Kirchlein am Meer NUR das: Landschaft, karge Berge, Gestrüpp, Steine vor der Kulisse der endlosen weiten See. Wenn jetzt und hier der Panda seine Hufe hoch reißt, dachte ich, dann findet uns auf Wochen kein Mensch. Spürte ich da etwa eine leise Versuchung sogar in einem normalerweise tief verborgenen Teil meines Wesens, genau hier „verlorengehen" zu wollen, genau so und in dieser Gesellschaft?

Aber – soll ich sagen Gott sei Dank? – der Fiat ist uns treu ergeben, und alles ging gut in dem Sinne, dass wir wieder fortfahren konnten, ganz problemlos. Der *eine* Teil von mir blieb winkend zurück und wurde so Eins mit der Natur, dass er sich gar nicht wieder finden lassen will, am Ende. Wer weiß.

Heute Nacht im Traum ist mir meine Oma erschienen. Ich weiß nicht mehr genau, um was es ging; aber ich wollte sie so gerne festhalten, sie um Rat fragen – wie ich leben soll, und ob ich alles richtig mache. Aber sie kam nicht zurück. Mir scheint, sie schaut freundlich auf mich. Ich hoffe es.

Die Lepra-Insel Spinalonga habe ich, wie gestern schon angedeutet, lange betrachtet und auf mich wirken lassen vom anderen Ufer aus. Der Anblick wirft viele Fragen auf; vielleicht beantwortet sie ja das Buch von Victoria Hislop. Nun habe ich einen Bezug dazu.

Zu einer Besichtigung hatten wir weder Zeit noch Lust. Man könnte mit dem Boot hinüber fahren; und unsere Führerin durch Knossos träfen wir vielleicht dort auch wieder. Als Freiberuflerin freut sie sich über jeden Auftrag; und sie ist auch auf Spinalonga unterwegs, um Touristen das Eiland zu zeigen. Aber, wie bereits angedeutet, etwas hielt mich zurück, ich fühlte mich scheu gegenüber dieser Insel. Ralf erging es wohl ganz ähnlich. Und so fuhren wir eben weiter.

Gut, dass wir auch heute wieder – nachher, sobald ich mit dem Tagebuchschreiben fertig bin – weiterfahren. Mochlos ist winzig – keine Spazierwege, und wozu auch! Mit drei, vier langen Schritten ist man quasi

47

„durch". Und es ist so laut! Jedes Wort dringt von unten hoch; könnte ich Griechisch, könnte ich ein Diktat aufnehmen. Man muss es mögen. Aber das preiswerte, leckere, ausgiebige Essen in der Taverne gestern Abend direkt am Wasser ist erwähnenswert. Verschiedene Brotsorten und Oliven zur Einstimmung for free. Dann Moussaka, die ich gar nicht ganz schaffte, für knapp sechs Euro. Nachtischkuchen und Raki (den ich natürlich stehenließ) wieder for free. Man kann hier also auch gut und für wenig Geld satt und zufrieden werden – was den Leib angeht und seine Bedürfnisse. Die Seele füttere ich auf andere Weise.

Im 24-Stunden-Buch wird eine Inventur der Segnungen empfohlen – eine Liste meiner Dankbarkeit. Ja doch! In jedes sich mir darbietende Kirchlein gehe ich hinein und zünde ein Kerzchen der Dankbarkeit an – für alles, was ich heute leben darf. Das ist mir also schon bewusst.

Wir befinden uns hier auf der zentralen Kreuzung von Mochlos. Kein Wunder, dass uns das Leben so umtobt. Es wird auch viel gebaut, „for sale" angeboten; man bekommt mühelos ein Zimmer zum Übernachten. Tourismus im Aufbruch? Armut neben Reichtum. Einfachste Lokalitäten und schicke Resorts. Fincas mit Überlauf-Pools zum Meer hin wie auf Mallorca, in den Villen-Gegenden an stillen Berghängen.

Hier gibt es auch einen Laden der gefährlichen Kette „Dream Fashion"; allerdings um einiges teurer, die indischen Tuniken, als in Rethymnon oder Chania. Vielleicht, weil es hier keine Konkurrenz gibt? Beim Schnüffeln zwischen den verführerischen Textilien hätte ich fast den großen, großen Schäferhund übersehen, der zur Siesta unter den Kleiderständern lag. Träge oder sich appetitvoll seine Lefzen leckend schaute er mich an. Das wäre doch mal eine Idee gegen Kaufsucht bei Katrin: Man drapiere ein mächtiges Hundetier ins Geschäft – und ich bin schneller wieder draußen als ich reingekommen war.

(12:19Uhr am selben Tag:) Frühstück im „Fantastic View" oberhalb der Mochlos-Bucht. Nomen est omen. Man hat in der Tat einen fantastischen Ausblick von hier oben.

Wir aßen Käse- und Schinkentoast, tranken very strong Kaffee und Espresso Freddo, dazu frisch gepressten Orangensaft. Dazu diese herrliche weite Sicht wie Fliegen übers Meer. Die Schriftführerin schweigt nun und genießt...

(am stillen, oh so stillen Abend) Die nächsten beiden Nächte schlafen wir bei Kostas (Taverne) im Haus Petrino, in einer sehr gemütlichen Ferienwohnung mit Balkon zum Hof für dreißig Euro pro Nacht (nur eine Übernachtung hätte 35 Euro gekostet).

Xerokambos heißt der Ort mit schönem Sandstrand und viel, viel Ruhe. Ganz in der Nähe ist die Schlucht des Todes!! Habe ich im Vorüberfahren gesehen. Das lockt mich an beziehungsweise die dunkle Seite von mir.

Irgendwann nach diesem Abenteuerurlaub kann ich bestimmt das Rascheln von Plastiktüten nicht mehr hören! Das Geräusch zum ständigen Ein- und Auspacken beim Quartierwechsel...

Aufwachen in „Omas" Küchenwohnung. Wohnküche. Genauso sieht das hier aus! Wachstuch auf einem großzügigen Tisch. Die Durchreiche zu Herd, Kühlschrank, Arbeitsfläche. Von draußen nur Zikaden und diese unglaublich hörbare Stille. Aufatmen. Ankommen. Wie zu Hause. Hier will ich bleiben. Natürlich.

Die Frau im Olivenöl-Geschenke-und-indische-Blusen-Laden in Sitia hatte recht, als sie uns hierher schickte und uns prophezeihte: An diesem Ort aufzuwachen ist ein Hochgenuss. Ja doch, das ist es; und wir fragen uns inzwischen ernsthaft, ob wir wirklich immer in Rodakino absteigen müssen. Das hier, dieses kretische Plätzchen, scheint jedenfalls ein kleiner Geheimtipp zu sein. Einfach und herrlich. In der Nacht lag ich ein wenig unruhig wach: So lange schon ohne ein AA-Meeting! Das passt nicht zu mir und kam in meiner langen Trockenheit kaum vor. Ja, ich weiß, manche Leute sagen, das zeuge von einer Gruppenabhängigkeit. Mag sein. Aber ich bin auch abhängig von Wasser und Luft zum Atmen. „Mach dich abhängig von Sachen, die dich unabhängig machen", heißt es zuweilen in den Zusammenkünften. Ich bete im Geiste den Gelassenheitsspruch und sage mir alle zwölf Schritte auf – falls ich soweit komme und mir der Text vollständig einfällt. Manchmal schlafe ich auch vorher ein. Ich atme brav den Pancha-Sahita-Leberrhythmus; aber wichtiger für mich ist das AA-Programm. Ich wende mich an Gott, wie ich IHN verstehen kann, um clean zu bleiben; denn ER ist immer da und muss nicht erst aufgesucht werden an einer bestimmten Stelle und Adresse. Ich brauche für IHN nichts zu organisieren. So befinde ich mich die ganze Zeit über im göttlichen „Meeting" – bilde mir jedoch nicht ein, dass das reiche. Ich brauche auch den „Gott durch Menschen"; werde vielleicht mit Ralf „Meeting machen", aber auf jeden Fall heute Abend mit ihm – und den anderen daheim – den Gelassenheitsspruch sprechen. Meine Trockenheit ist für mich Chefsache; nur durch sie ist so etwas wie dieser Urlaub für mich überhaupt möglich – und ich will dieses, mein so gutes Leben auf jeden Fall weiterführen. „Bitte – danke, lieber Baum!" (wir erinnern uns: Katrins kürzestes Gebet).

Dieses Zimmerchen Nummer sechs im Haus Petrino mutet tatsächlich an wie die Wohnung der Großeltern in einem alten kretischen (oder auch Thüringischen) Haus. Vielleicht liegt es an der schon erwähnten Wachstuchdecke auf dem Esstisch und der Küchenzeile dahinter; am Hähnekrähen im Hintergrund, am dunklen Holz der Möbel. Ich schreibe an diesem Tisch, so wie vielleicht Enkelchen ihre Bilder malen, vertieft, die Zungespitze zwischen den Lippen, während ein paar Schritte entfernt von ihnen die Oma ein Essen vorbereitet oder auch nur ein belegtes Brot. So wie gerade jetzt direkt vor mir Ralf es tut, mit unserem Frühstück.

Es ist so viel erholsamer hier als – zum Beispiel – im allzu engen Mochlos, wo sich alles auf einem ganz kleinen Radius abspielt und wir in diesem niegelnagelneuen Hotel mitten auf der einzigen Kreuzung lebten.

Was weiß ich noch von gestern?

51

Frühstück an dem Aussichtspunkt "Fantastic View", Lebenskünstler in Ausbildung. Danach die Fahrt durch Gegenden, für deren Schönheit mir die Worte fehlen. Endlich auch wieder Ziegen – Kazika – auf der Fahrbahn; das kennen wir ja noch vom letzten Jahr. Irgendwann fuhren wir in Sitia ein, und ich meinte, eine Kontaktstelle der Anonymen Alkoholiker zu „sehen". Es war aber keine; nur eine Fata Morgana in trockener Wüste. Das erzählt viel über mich und meine Sehnsucht (siehe vorn). „Wo du bist, ist AA", hat Ralf gesagt, und dass ich auch in einem kretischen Dorf ein Meeting gründen würde wie zu Hause in meinem Kiez. Ja. Das würde ich wahrscheinlich tun. Insch´Allah.

Es wird aber nicht nötig sein; ich fahre ja wieder zurück (Insch´Allah).

Ralf suchte nach einer Kooperative, wo er das echte preisgekrönte, weltbekannte Sitia-Olivenöl verkosten und gleich direkt vom Hersteller kaufen hätte können. Wir fanden aber keine, dafür einen Laden, auch mit Verkostung und Erläuterungen. In Toplou wird das Öl gewonnen; und man kann es wirklich nur hier erstehen. Woanders fällt man womöglich auf Etikettenschwindel herein, denn es sei üblich, „Sitia" draufzuschreiben und ein ganz anderes Olivenöl in die Büchse zu füllen. Tja. Wir bekamen Empfehlungen für die Weiterreise – und ich eine dieser Blusen, die – soll ich sagen, leider? – im selben Geschäft auch angeboten werden. „*Keep the old handcraft alive*". Ich bin immer wieder nur allzu gern bereit dazu, die alten Handwerkskünste am Leben erhalten zu helfen. Hier die weiteren Worte auf dem Anhänger:

„*The garment that you are holding has been made with love & care through 100% handmade procedures.*

*The fabric used is made by artisans using the hand block printing technique which is one of the oldest types of print making & has been around for thousands of years. For the colours vegetables dyes are used, deriving from natural plants & mineral sources."*

Ich liebe diesen Text! Frei übersetzt lautet er vollständig ungefähr so:

Das Kleidungsstück, das ich in der Hand halte, wurde mit Liebe und durch hundertprozentig handgearbeitete Prozeduren gefertigt. Das verwendete Gewebe stellten Handwerker her, die noch die traditionelle Blockdrucktechnik beherrschen, die eine der ältesten Verfahren dieser Art ist und seit tausenden von Jahren gepflegt wird. Die Farben wurden ausschließlich aus natürlichen Pflanzen und Mineralien gewonnen. Ich darf es nur mit der Hand waschen, in kaltem Wasser; wobei winzige Portionen dieser Farbe entweichen werden, was aber der ursprünglichen Schönheit des Stöffchens keinen Abbruch tun wird. Ach! Die Hersteller hoffen, dass ich mich an meinem Einkauf erfreuen werde.

Und wie ich das tue! Schon jetzt, noch bevor die federleichte Bluse auch nur ihr allererstes Tröpfchen Waschlauge zu Gesicht bekommen hat!!! Oh yes!

Die Bluse auf meinem Schoß streichelnd fuhr ich – fuhren wir – weiter nach Vai an den berühmten und Europas einzigen natürlichen Palmenstrand. Frühere Seefahrer sollen hier Rast gemacht und ihre Dattelkerne auf den Boden gespuckt haben. So mag der Palmenhain entstanden sein, in dem auch ich mich aalen durfte, nur für kurze Zeit. Mit „aller Gewalt" wurde ich von diesem wie karibischen Strand wieder losgeeist; ich hätte noch Stunden dort verbringen können und mich mit Robinson Crusoe unterhalten. Um diese Jahreszeit ist es wundervoll dort; viele Deutsche lagern allerdings im Sand, die sich teilweise nicht an das „Oben-Ohne"-Verbot halten und auch nicht immer schön dabei aussehen. In der Hauptsaison soll Vai total überfüllt sein, was ich mir sehr gut vorstellen kann. Der Strand ist touristisch voll vermarktet und eine Attraktion, die viele Hotels per Bus-Tagestour ihren Gästen anbieten.

Man denkt immer: „Oh!" und „Ah!" und „Hier ist es so schön, da kann keine Steigerung mehr kommen!" Und dann saßen wir doch wieder in einer Fischtaverne auf der äußersten Spitze des festen Landes (wie im Pier Chic in Dubai, beinahe) – von drei Seiten Meer und aßen Swordfish (Ralf) und Shrimps in fruchtiger Tomatensoße (ich) und schwiegen vor lauter Ergriffenheit. Ein einsamer Angler bediente vor unseren Füßen seine vielen Schnüre parallel. Es biss nichts an, soweit ich es jedenfalls erkennen konnte. Uns bediente ein junger Mann mit dem Gesicht eines „taffen" Geschäftsführers aus Berlin. „Sleep-Rave-Repeat" stand auf seinem T-Shirt. Schlafe, Tanze, Wiederhole. Aber er war so weit entfernt von einem Party-People-Leben, wie man es nur sein kann. Die großen Städte seien absolut nicht seins, erzählte er uns; er wohne im Nachbardorf und fahre die zwei, drei Minuten zur Arbeit hier jeden Tag auf seinem Moped. Er sei es zufrieden, sagte er und strahlte das auch aus. Was solle er sich denn mehr wünschen! Er habe seinen Job in diesem Lokal, er wohne in einer herrlichen Gegend, und er liebe diese Ruhe. *Ich habe ein Auskommen mit meinem Einkommen*, ist eine der galoppierenden Lebensweisheiten in den Meetings. Ich verstehe den jungen Mann.

Und von der Terrasse her grüßte eine lebensfrohe, freundliche Version des Stiefvaters herüber und rief mir mutwillig zu: „This is Adam´s place, Lady!" – „Und wer ist dann Eva?", fragte ich leise. „Du! Natürlich", sagte Ralf, ohne auch nur eine Sekunde überlegen zu müssen. Okay. Wir fanden diesen Ort. Wir fanden Petrino, und ich denke an all die Peter´s in meinem Leben, von denen jeder eine besondere Rolle gespielt hat für mich. Und da sind wir nun. Hat uns dieser Platz zu sich gerufen?

Falls Achilles – meine rechte Ferse – einverstanden ist, werden wir heute Dead´s Gorge durchwandern, die Schlucht des Todes. Sie heißt so, weil die Minoer dereinst in den Höhlen dieser Schlucht ihre Toten bestatteten. Es wird nichts mehr von ihnen übrig sein.

Das Wetter spricht für einen Wandertag; der Himmel ist bedeckt. Nachts wurde es übrigens so richtig kalt, und wir brauchten die im Schrank bereitliegenden zusätzlichen Decken. Auch an den anderen Tagen erlebten wir dieses wüstenartige Klima: Tagsüber heiß und sonnig. Gegen Abend frisch und dann Wollschalkühl bis bibbernd kalt.

### Sonnabend, 23. Mai 2015 in Xerokambos auf Kreta

Was für ein schöner Wandertag gestern durch die Gorge of Death, die Schlucht des Todes!!

Zwei Stunden hin, dann ein Bad im Meer zur Belohnung, Bifteki und Hühnchen, frisch vom Grill in einer Taverne – na, wo?! – direkt am Wasser natürlich.

55

Anschließend die zwei Stunden wieder zurück. Ich sage meiner Achillesferse ausdrücklich DANKE dafür, dass ich das kann – und GOTT für diese Märchenlandschaft und die Lust am Laufen, die ER in mir angelegt hat. Danke.

Jetzt ist also Pfingsten, und vom Töchting kam die Nachricht, dass sie Ralfs Fahrradsatteltaschen braucht für einen Ausflug. Vom Sohnemann kam das neueste Ultraschallbild von „Ziepy"; nun ist sein – beziehungsweise ihr – erstes Trimester geschafft. *ES* hat Ärmchen, ein Bäuchlein und ein Gesicht. Wundervoll, dass die jungen Leute heute alles so im Bild mitverfolgen können... Der werdende Papa ist sehr ergriffen – und wir, Oma und Opa, haben die beste goldene Position: An einem Traumstrand sitzen und das neueste Foto vom sich zur Ankunft bereit machenden Enkelchen anschauen. Was will man mehr! Ich fühle mich so richtig gut aufgehoben im Leben; eingebettet und geliebt. Hier, im stillen Xerokambos, könnte ich mir einen *ganzen* Urlaub vorstellen; der Strand ist auch sandiger, sanfter, schöner als in Rodakino, die Unterkunft preiswerter. Ralf sagt zwar, ihm fehle ein Raum, in den er sich morgens zurückziehen kann, um mich nicht beim Ausschlafen zu stören. Aber ich denke, wir könnten uns schon arrangieren. Das ist das Erfreuliche – unter anderen erfreulichen Dingen – an der Art, wie wir es in diesem Jahr machen; in Form dieser Rundreise, die wir ja HEUTE (leider!*) fortsetzen: Der Blick weitet sich, wir lernen mehr von dieser göttlichen Insel kennen und sind nicht bloß auf Villa Braou fixiert. Das tut mir gut, ich spüre es genau. Noch eine Woche, bis wir in Rodakino anlanden.

*Leider, sage ich natürlich deswegen, weil es mir hier schon wieder so gefällt. Aber es gefiel mir bisher eigentlich überall und an jedem Platz wollte ich noch ein bisschen bleiben...

Die ganze Schlucht des Todes ist übrigens voller Leben! Typisch, oder? Tod und Leben sind keine Widersprüche, sondern ein Zusammenhang. Es riecht wie ein sehr gesunder Tee in der gesamten Gorge: Thymian, wie wir von einer Wanderin erfuhren, die sich davon etwas abschnitt. Dazu Rosmarin – und dichte Büsche wie Hanf. Wir diskutierten das Phänomen mit anderen Passanten und Kletterern wie wir – und, ja! – alle hielten diese fünffingrigen hellgrünen Blätter für Haschisch und phantasierten fröhlich über die **reiche** Ausbeute, würde man sie pflücken und in den großen Hotels zum Kauf anbieten. Der Geruch erfrischte mich und dieser herrliche Ausblick versetzte mich in die Lage, zu schweben.

Rosa Oleander blüht überall; man wandelt auf schmalen, steinigen Pfaden immer dem roten Punkt hinterher, der gleichmäßig überall angebrachten Wegmarkierung. „You need a stick... ", riefen uns Engländer gleich am Einstieg in die Schlucht zu, „to cross the river. Stepping stones!" Stepping stones. Aus irgend einem Grunde fand ich das eine schöne Formulierung und, was sie aussagt, mir sehr vertraut. Stepping stones. Tue ich das nicht immer und die ganze Zeit über?!! Ich denke, ja.

Man kraxelt wirklich über einige dicke Klopper in Bachläufen, und ich denke an die Hohe Tatra, an die Slowakei, an meine Kindheit und die Zelturlaube, als Tochter und Sohn noch klein waren. Ich kann es immer noch, Wandern über Stock und Stein, und ich bin unsagbar glücklich darob. Ja. Achilles ist mein

Freund. Wir kommunizieren miteinander und geben uns gegenseitig „Hinweise". Danke dafür, dass ich das so sehen kann.

Die mächtigen Felsen und die an ihnen klebenden schwarzen Ziegen schauten freundlich auf uns, wie wir da mit unseren Füßen die Erde streichelten und uns in die Natur einfügten anstatt sie beherrschen zu wollen. Die Seelen der Toten der alten Minoer, die sie in den hohen Höhlen begruben, sind längst frei und werden – wo? – erneut aufgetaucht sein. Oder? Ich weiß es nicht, und das ist gut so. Ich muss nicht alles wissen, als kleiner Mensch und suchendes Wesen. Es reicht, wenn ich da bin, lebendig, atmend, glücklich. Ich wanderte in kurzen karierten Baumwollhosen – sehr bequem! Dazu die neue leichte Bluse und ein Tuch für alle Fälle. Fertig! Die Füße steckten in roten Wollsocken von „Falke"; und diese wiederum in meinen blauen Ecco-Halbstiefeln, die die Knöchel schützen, stützen, die mit den knallroten Schnürsenkeln. Das war ideal. Und die Kombination aus Anstrengung beim Laufen und Schwimmen im Meer war ganz offensichtlich heilsam für Achilles. Ich glaubte ihn aufjauchzen zu hören, einen Freudensprung machen und sich anschließend entspannt fallen zu lassen. Ich will es nicht beschreien, aber es schien so...

MERKEN für das nächste Mal Xerokambos:

In Villa Petrino Zimmer Nummer fünf buchen (statt Zimmer sechs, in das wir jetzt fanden), denn das besitzt einen Balkon zum Meer und nicht zum Parkplatz, und es ist insgesamt noch besser geschnitten sagt Ralf, der soeben mal reingeguckt hat, als der Putzmann da war. Außerdem reingeguckt hat Ralf in seine E-Mails und fand einen gewissen Arbeitsauftrag darin vor, von dem er nun verschont bleibt. Nicht muss er auf eine andere Urlaubsinsel fliegen und dort für drei Wochen einen bierdurchtränkten, lauten Partyort betreuen. Das übernimmt ein Kollege. Wir gratulierten uns gegenseitig und feierten ein wenig, dass dieser Kelch an ihm, an uns vorübergeht.

Was wäre, wenn...? Manche Leute die ganze Zeit über „im Tee"! Mein Freund total unglücklich. Im falschen Film. Einziger Lichtblick: Das Meeting ganz in der Nähe. Überall, wo gesoffen wird, gibt es um die Ecke auch irgendwo AA.

Lieber Gott, solltest du einen anderen Arbeitsplatz für den Gefährten haben, dann bitte, gib uns ein Zeichen, das wir sehen und verstehen können – und uns die Kraft, ihm auch zu folgen. Danke im Voraus. Bisher scheint nichts in Sicht. Aber ist es wirklich zumutbar, DORT bis zur Rente zu arbeiten? Ich kann es nicht entscheiden. Es wird sich mir oder ihm oder uns enthüllen.

Falls Zimmer fünf belegt sein sollte, Zimmer zwei würde auch gehen, ruft Ralf mir zu.

Xerokambos is lovely!

PS: Pancha Sahita Teil drei hat heute begonnen. Wir atmen den Rhythmus für die Verdauung. Unsere Yoga-Lehrerin wäre entzückt, uns zu sehen, wie wir das brav (!) durchziehen. Aber sie gibt ja nur weiter, was sie gelernt hat, und alles, was wir in ihrem – yogischen – Namen tun, das tun wir schließlich FÜR UNS!!

I know. Yeah...

## Pfingstsonntag, 24. Mai 2015 in Myrtos

 Manche kommen schon seit den Siebziger Jahren hierher, in diesen Badeort an der Südküste Kretas. Und genau so sah es für mich im ersten Moment auch aus: Eine verschworene „Prenzlauer-Berg"-Gemeinde, schläfrig-angekommene, für alle Zeiten jung gebliebene Menschen hinter ihren Weingläsern, die „a new kid in town" misstrauisch beäugen. Natürlich spiegelt dieser Eindruck nur mich selbst, wie ich da auftauche, jung geblieben scheinend mit meiner ungezähmten weißgesträhnten Lockenfrisur – und wie ich meinerseits auf ihre Weingläser starre.

Das erste Hotelzimmer lehnten wir ab, es war eng wie ein Schlafzimmerschrank und gleich vorm Spiegel stand ein Fläschchen Raki, wie zur Warnung für mich. „Geh hier lieber nicht rein", schien der Schnaps zu sagen, „Du bist hier verkehrt."

Im Auto habe ich mir übrigens Notizen gemacht. „Die Einstellung, die innere Haltung, schafft den Unterschied: Mache ich Urlaub – oder mache ich Urlaub von AA, also von meiner Trockenheit, Nüchternheit?" Der Gefährte hatte es im Zwiegespräch beim Fahren so auf den Punkt gebracht, und ich musste das sogleich schriftlich festhalten.

Und das andere Zettelchen trägt die rosafarbenen Worte: „Stepping Stones. You need a stick to cross the river". Ein Arbeitstitel? Für mein zweites Kreta-Tagebuch? Dazu der erste, flüchtig hingeworfene Übersetzungsversuch: "Auf Steine treten. Du brauchst eine Stütze, um über den Fluss zu kommen". Gefällt mir noch nicht. Ich möchte es poetischer.

Ich habe nun schon so viel Schönheit gesehen, dass ich ganz voll davon bin. Voll wie die meisten der süßeren Appartementhäuser hier. Klar. Es ist Pfingsten! Da bucht man im Voraus und kommt nicht spontan, mittendrin, auf den allerletzten Drücker.

Gestern fuhren wir unter anderem an jene hohe Stelle auf einem Berg, von der aus man „die Wespantaille" Kretas sehen, überblicken kann. Etwa sechzehn Kilometer ist sie schmal – und zu beiden Seiten erkennt man das Meer. Dort steht man, hält den Atem an, breitet die Arme aus – weit, oh so weit – und will fliegen. Wer da nicht demütig wird, ergriffen schweigt angesichts der herrlichen Schöpfung Gottes, ja, der hat wohl kein Herz oder noch keinen Zugang dazu. Ralf sagte, diesen Anblick werde er sein Lebtag nicht vergessen. Er war mir ganz dankbar dafür, dass ich meine Angst vor großen Höhen oder steilen und nicht unbedingt befestigten Serpentinen überwunden habe. Aber ich kann gar nichts dafür. Es ist einfach wie von mir genommen.

Ich fühlte mich entspannt, zufrieden – und ja – glücklich; fast meditativ in mir selbst ruhend. Es ist einfach „passiert". Darum sagen die Leute wohl, dass nach einer Woche die Urlaubsreife erst da ist. Meistens muss man dann ja schon wieder nach Hause fahren, aber wir haben immer noch viel Zeit!! „This is holiday!", sagte anerkennend ein Welsh-Man in einer Coffeebar („The Cavern") in einem anderen Küstenort, bei dem wir uns mit Käsetoast plus Espresso Freddo stärkten, und dessen gute Sechziger/Siebziger-Jahre-Musik wir mitsummend, im Takt wippend, genossen. Hinterher, allein vor seinem Bier, sah er ein bisschen aus, als hätte er nur allzu gern mit uns getauscht. Oder mit Ralf? Oder mit mir?

Wir durchflogen Täler, Strände; badeten, wenn uns danach zumute war und freuten uns unserer Badeschuhe, die uns problemlos auch steinige, felsige Strände zugänglich machen. Stepping stones...

Ich sitze nun hier auf einem kleinen weiß gekalkten Balkon mit Blick aufs Meer. Unsere Unterkunft für zwei Nächte zum Preis von 35 Euro plus 3 Euro Kurtaxe mutet an wie das Kinderzimmer, das von dem flügge gewordenen Nachwuchs verlassen worden ist und Schlafgästen zur Verfügung gestellt wird. Schmal, dennoch mit kleiner Küche für den Morgenkaffee, Dusche, WC und zwei Betten, die so gemütlich sind, dass ich immerhin bis elf Uhr friedlich geratzt habe. Wir schauten allerdings bei Tee und mit anderen (schwulen) Urlaubern am Abend den Eurovision Song Contest auf einer großen Beamer-Leinwand in der Flaniermeile von Myrtos. So habe ich den Sangeswettbewerb auch noch nie gesehen! Das ist etwas weiteres Unvergessliches. Fernsehen direkt am Meer und unter freiem Himmel. Wer hat überhaupt gewonnen? Die ellenlangen Abstimmungen wollten wir uns nicht mehr antun, und auch den Leuten in den Tavernen nicht, die diesen Bildschirm verwalteten. Es ist ja eine Stunde später als in Deutschland, um uns herum gingen schon überall die Lichter aus, als endlich der letzte Wettbewerbsbeitrag absolviert war. Es muss gegen ein Uhr dreißig gewesen sein, als wir durch die stillen Gassen dieses Ortes in unser Zimmerchen liefen. Keiner hat mir Alkohol aufgedrängt, auch an so einem Abend nicht. Die Serviererin in dem Lokal in dem wir Lämmchen aßen, das auf der Zunge zerging und Gemüsereis mit roter Beete dazu, war sogar so aufmerksam, dass sie nach der Mahlzeit einen Obstteller brachte anstatt Raki. Sie habe doch gesehen, sagte sie, dass wir keinen Wein zu uns nehmen zum Essen; und da hat sie eben mitgedacht! Toll. Das gefällt mir. Danke, liebe Tavernenkellnerin. Mehr von deiner Art, bitte.

Hier residieren so viele Leute; wenn ich länger in Myrtos wäre, würde ich versuchen, mit Ralf zusammen „Freunde von Bill und Bob" aufzutreiben und ein Meeting zu initiieren. Für zwei Tage lohnt sich das nicht, also wieder Meeting mit Ralf. Auch schön.

(PS: Bill und Bob waren 1935 die ersten beiden Alkoholiker, die herausfanden, dass sie nicht trinken müssen, wenn sie miteinander reden. Daraus ist peu a peu die weltweite AA-Gemeinschaft entstanden, die 2015 schon achtzig Jahre alt ist.)

Das Töchting hat am Rande eines großen Ereignisses mal gesagt, „Die besten Meetings hatte ich mit euch!" Und Big Walter, mein alter verstorbener Freund, sagte immer, bei uns am Küchentisch fände Genesung von dieser Familienkrankheit (Alkoholismus) ganz natürlich statt. Einfach, indem wir alle offen miteinander, auch mit unseren Kindern, reden. Also! Es ist doch wirklich nichts Neues, dass es auch mal so funktioniert.

AA im Herzen, das HEUTE-Buch und „*Unser Weg*" dabei, aus denen ich jeden Tag – auf des Gefährten Wunsch – laut vorlese, und ein wundervoller Urlaub. Aber, wie gesagt, nicht Urlaub von meiner Trockenheit. Ich will nicht wieder trinken müssen, und mein Enkelchen soll seine Oma nur nüchtern kennen!!!

Ein sehr freundlicher Mann vom Appartementhaus „Big Blue" gegenüber half uns, den Kontakt hierher, zum „Panorama" zu finden. Bei ihm war leider alles

„full", aber als er unsere betrübten Mienen sah, telefonierte er ein wenig herum und schickte uns eine Etage höher an diesem Hügel. Es ist eine simple Sache: Da hängen kleine Täfelchen am Haus mit Aufschriften wie: „Room Nr. 1 is free for three nights. Go in – and when you like it, stay. The price list lies on the bed. I contact you later." (Zimmer Nummer 1 ist frei für drei Nächte. Geh rein – und wenn es dir gefällt, dann ziehe ein. Die Preisliste liegt auf dem Bett. Ich melde mich später.)

So fanden wir Room 3, jenes winzige „Kinderzimmerchen", in dem ich so schön schlief.

Ich kann mir selbst vertrauen. Aber ich bin vorsichtig. Und in meiner liebevollen Partnerschaft mit Ralf habe ich wirklich alles, was ich brauche – und bin dankbar dafür.

Was wir hier und jetzt tun, ist auch eine Art „Retreat", haben wir festgestellt. (Ich komme darauf, weil wir hier zuweilen über Plakate stolpern, die spirituelle Retreats ankündigen oder Selbsterfahrungsseminare oder Yoga-Workshops.) Diese Mischung aus Abenteuer, Einkehr, Zärtlichkeiten, Freude. Auch das hat Walter einmal wie sein Vermächtnis an uns gesagt: „Wer so etwas leben darf wie ihr, der hat alles! Der braucht sich nichts weiter zu wünschen." Walter hätte das gern auch so gelebt mit seiner Frau, aber aus irgendeinem Grunde ist es schiefgegangen. Sie dämmerte ihm fort, er brach zuletzt allein in seinem Badezimmer tot zusammen. „Wir hätten es doch so schön haben können", sagte er immer wieder verzweifelt zu mir. Ich muss das nicht verstehen oder gar bewerten; es ist, wie es ist. Menschliche Wege verlaufen so oder so. Immerhin war er dreiundvierzig Jahre lang trocken und hat mir in meiner Anfangszeit sehr geholfen. Ich darf über ihn schreiben; das hat er mir ausdrücklich erlaubt. Ansonsten wahre ich ja sorgfältig die Anonymität meiner Freunde.

Blaues Meer. Blauer Himmel. Das Geräusch eines Besens, mit dem eine der kleinen weißen Terrassen gefegt wird. Über mir ein Sonnenschirm, ohne den könnte ich gar nicht draußen schreiben (und drinnen befindet sich aus Platzgründen kein Tisch). Ich lebe ein ganz wundervolles Schriftstellerleben mit Ralf. Eine Frau ohne eigene Intentionen wäre nichts für ihn. Das dachte ich mir schon, und er hat es mir gestern bestätigt. Ich genieße es auch, zu sehen, zu spüren, wie der Mann, den ich so liebe, zurückkommt. Im Alltag ist er ja allzu oft verdeckt von Übermüdung, Ärger, Stress auf Arbeit. Aber jetzt und hier – er blüht auf! Er wird wild, überschwänglich, sexy; ich erkenne ihn wieder.

Ach ja: Töchting, deine Eulen-Schlafbrille hat auch dazu beigetragen, dass mir heute ein so langer Schlaf beschert worden ist. Irgendwann, als es hell wurde, zog ich sie über und tauchte in ihre Dunkelheit, in meine Träume, in die säuselnden Gesänge der weisen Käuzchen auf dem Stoff ab. Was für ein schönes, nützliches Geschenk. Danke im Geiste nach Hause. Später dann auch persönlich, ist klar...

PS: Ein junger Mann aus Schweden hat den Eurovision Song Contest gewonnen. „Heroes" heißt sein Lied; er trat im T-Shirt auf und sang zu einer Installation, einer Computer-Animation mit Comic-Strichmännchen, dass wir alle Helden sind oder so. Unsere deutsche Ann-Sophie hat nicht einen Punkt bekommen, au weia! Eigentlich sollte ja auch Andreas Kümmert unser Land vertreten, aber der hatte seine Teilnahmebereitschaft zurückgezogen... Hmm.

Mans Zelmerlöw heißt der Sieger. Ralf hat gegoogelt. „We are heroes of our time", ist der genaue Titel seines Songs. Vielleicht stört ihn ja dasselbe wie mich, dass immer nur die früheren, längst verstorbenen Menschen zu Helden erkoren werden – niemals die, die direkt hier sind und sich redlich abmühen. Wie oft kam ich schon in die Situation, als Autorin eine Meinung über eine dahingegangene Berufskollegin abgeben zu müssen – und war doch eigentlich als eigenständiges Beispiel eingeladen worden. Muss man denn erst sterben, um wahrgenommen zu werden? Leider ist es auch immer wieder so, dass mich Griechen fragen, was ich arbeite. Wenn ich sage, ich sei ein „writer", ist die erste Rückfrage: „Are you famous?" Das ist die Tragik meiner Profession. Sie gilt nur dann als wertvoll, wenn ich berühmt wäre.

Oder ist das gar nicht wahr? Ist das etwa nur in mir? Dann hätte ich ein neues, lohnendes Übungsfeld.

Wohl wahr. Wohl wahr.


## Pfingstmontag, 25. Mai 2015 in Myrtos auf Kreta

Und weiter geht´s, nach einem Strand-Küsten-Ruhetag am Meer, wo die vielen Grauhaarigen Urlaub machen, die schon seit den Siebziger Jahren immer wieder hierher kommen und die besten Plätze wegschnappen.

Heute wollen wir zu einem Ort weiterfahren, an dem damals die Hippies in Höhlen schliefen. Kreta ist eben auch eine Insel, auf der sich Flower-Power-Losgelöste trafen: Es ist warm, es kostet nicht viel, und man ist weit genug vom Establishment fort, um sich frei fühlen zu können. Etwas davon zieht mich magisch an. Ich will es unbedingt sehen (und mich an eine frühere Inkarnation erinnern, HAHA?...)

Gestern war es stürmisch am Wasser; wir blieben trotzdem eine Weile am Strand. Das Meer hatte eine Rose angespült, die steckte Ralf in den Sand neben meinem Sonnenlager, und so wirkte es, als wäre auch noch der natürlichste Platz für mich blumengeschmückt. Er selbst packte sich dicht an der Wasserkante in die Millionen kleiner Steine ein. Eine Mumie aus Rolling Stones. Mick Jagger, bitte nicht missverstehen!

Ich fotografierte einen angespülten Puppenkopf ohne Körper, der Stephen King alle Ehre gemacht hätte. Ein roter Irokesenschopf war noch halbwegs zu erkennen, etwas ausgeblichen vom Salzwasser. Aber ein Auge fehlte, eines starrte wie irritiert nach oben. Dazu ein grinsender Mund und diese Aura von Zerstörung – wahrlich! Dazu fiele mir ein Gruselfilm ein, wenn ich nur daran glauben würde, dass ich zu solcherart Genre vorgesehen sei.

Als wir genug hatten vom Durchgepustetwerden, Vitamin-D-Produzieren, seltsame Fundstücke ablichten, traten wir einen kleinen Gang an, die nahe Küstenstraße entlang. Das war unsere Wanderung des Tages. Es tut immer wieder gut, auch an heißen, auch an eigentlich eher faulen Tagen, sich dann doch noch eine Weile vorwärts zu bewegen.

Anschließend bezahlten wir das Zimmer, und es kostete doch nur insgesamt siebzig Euro für die beiden Nächte, keine Kurtaxe wurde draufgeschlagen. Die Vermieter wollten einfach keine zusätzlichen sechs

Euro von uns, wie sympathisch. Für uns jedenfalls. Sollte ich ans Gemeinwesen denken, an das Große, Ganze?

Ich schlafe hier ganz gut. Mit Unterbrechungen auch heute wieder bis zehn Uhr. Na klasse. Am Abend – und einem weiteren leckeren Essen in „jener" Taverne (Caesar´s Salad für uns beide, Pizza für Ralf, Spaghetti Bolognese für mich; „homemade" – genau wie die erfrischende Zitronenlimonade) – fühlte ich auf einmal ein Frösteln und Brennen beim Wiederabgeben der überschüssigen Limonade. Oh je – doch hoffentlich keine Blasenentzündung? Eine Tasse warmes Wasser, eine Decke und Ralfs Arme vorm Einschlafen brachten Linderung. Ich danke meinem Körper ausdrücklich für die Erinnerung daran, dass ich nicht unverletzlich bin. Ich „verordne" mir selbst: Keine Eiswürfel-Getränke mehr. Den Kaffee lieber warm wie üblich; ab und zu einen Tee zwischendurch (so wie gestern nach dem Essen: „Herbs", Kräuter, die rochen wie aus der Schlucht des Todes „neulich" gepflückt; Thymian, Rosmarin, Kamille -, aber sicher nicht diese fünffingrigen Blätter, die wir für Haschisch hielten). Keine nassen Bikini-Höschen mehr anbehalten nach dem Baden; ehrlich zu Ralf sein, falls mir etwas „an die Nieren" gehen sollte – und auch daran denken, dass wir ja Pancha Sahita üben! So sanft dieser reinigende Atem auch daherkommen mag; ich weiß ja aus Erfahrung, dass er immer eine Wirkung auf mich hat. Das alles verordnet mir mein innerer Arzt – und schon brennt es nicht mehr, diese Linderung kam schnell. Diese Erleichterung, diese Freude, dieses Glück, schmerzfrei und gesund zu sein!! Danke – und dies nie für selbstverständlich halten.

Noch fünf Nächte, in denen wir uns etwas suchen müssen zum Übernachten, dann werden wir in Rodakino erwartet. Der mobile Muezzin fährt auf einer Ebene über unserem Haus vorbei und bietet seine Waren feil durch sein Megaphon. Sie bringen sogar Fische in gekühlten Aluminiumkisten.

Ich muss mich etwas beeilen, um elf Uhr sollen wir unser Appartement bitte verlassen. Das schaffen wir.

Ich darf mich eben nur nicht vermuddeln.

Yoga gibt es hier am Ort. Ein ganzes Satsang vom 23. bis zum 30. Mai mit Anja. „You are not your body, not your feelings". Ja, ja. Du bist nicht dein Körper, nicht deine Gefühle. Das übliche pseudospirituelle Gerede. An dem Gemeindehaus, wo diese Bekanntmachung angeschlagen ist, würde ich auch „mein AA-Meeting" ankündigen, wenn ich länger am Ort bliebe. Und dann hätte ich all die Weißhaarigen lieb, wenn sie sich als Weggefährten outeten und in die Gruppe kämen.

Viele Holländer sind hier! AA gibt es auch in Holland.

Geträumt habe ich von zwei Geschäftsfrauen zu Hause, die plötzlich liebe- und hingebungsvoll meine literarische Arbeit unterstützten. Hach ja! In Wirklichkeit ignorieren sie mich eher. Ich weiß, sie sind nicht für mich verantwortlich. Aber auf der anderen Seite ist es eben einfach nicht gut für das menschliche Zusammenleben, wenn EINER nicht für seinen Beitrag zum gesellschaftlichen Leben bezahlt wird, alle anderen aber schon. Hat eine Weisere als ich gesagt, und recht hat sie!

Ich mute mich in diesen Tagen Ralf zu. Mit all den Seiten, die ich sonst vor ihm verberge, die ich nachts allein in meinem Bett mit mir selber und all den Weisen aus meinen Bücherbergen abmache.

Jene Katrin zeige ich ihm nun, die auch mal traurig ist, verwirrt und mutlos. Ich muss nicht perfekt funktionieren, für ihn schon gar nicht. Aber Kopfwissen und emotionales Erleben sind zwei vollkommen verschiedene Paar Schuhe.

PS: Ralf sagte gestern beim Essen: „Die Serviererin bewundert dich dafür, dass du keinen Alkohol trinkst". Ich spürte einen starken Impuls, ihr sofort meine ganze Geschichte zu erzählen. Ein Teil von mir will die Botschaft weitergeben, dass es einen Weg aus der Sucht heraus gibt, und dass ich ein Beispiel dafür bin, wie man ihn finden kann. Aber es gerät allzu leicht zu missionarischem Eifer. Darum sage ich im Stillen etwas wie: Herr, zeige mir, wie und wo und wann – und bitte und danke. Das genügt. Weiß ich aus Erfahrung.

Meine Meetings fehlen mir so sehr!

PPS am Abend, nur, damit ich es nicht vergesse:

Wir übernachten in einer Art Gartenhütte für dreißig Euro in Kaloi Limenes. Später mehr...

Wir fahren jetzt mit einem AA-Aufkleber am Auto. Der geht auch wieder ab am Ende. Aber jetzt stelle ich mir vor, auf einem Parkplatz oder so erkennt das Zeichen jemand Gleichgesinntes, spricht uns an, und wir halten ein spontanes AA-Meeting ab. Das wäre total schön. Allein die Phantasie belebt mich schon. Genau wie damals, als ich in einem mallorquinischen Hotel meine Literatur ausbreitete und wartete, an einem Tischchen in der Lobby, dass jemand käme und meinem Schild am schwarzen Brett folgen würde.

Gut, es kam niemand. Aber *einen* Menschen halten solche Aktionen auf jeden Fall trocken und clean, nämlich mich selbst! Danke.

## Dienstag, 26. Mai 2015 in Kali Limenes auf Kreta

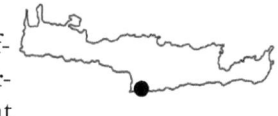

Aufwachen mitten in einer dörf-
lichen Idylle. Eine Frau schält Kar-
toffeln im Schatten. Nur kurz hat
sie aufgeschaut von ihrer Arbeit, als ich ein „Kalimera –
Guten Morgen!" zu ihr hinüber rief, bevor ich mich an
meinen heutigen Schreibplatz setzte, einen Gartentisch
vor unserer Hütte. Ein Mann flickt die Fischernetze,
ein anderer repariert den Motor eines Pickups im Hof.
Ein sympathischer junger Mann, der einem Ziehsohn in
Berlin fast zum Verwechseln ähnelt, zeigte uns gestern
unser Zimmer (einfach, aber praktisch) und brachte uns
eben einen starken Kaffee im hohen Pott mit
appetitlichem Schümli-Schaum. Jeder sitzt oder steht an
seinem Platz und gibt sich seiner Aufgabe hin. Wie
schön. Wie menschlich. Essen vorbereiten,
Arbeitsgeräte in Schuss bringen, papierne Seiten mit
Tintenworten füllen, niemand ist mehr wert als der
Nächste; jeder tut, was er tut, alles ist gleich wichtig.
Würde ich jetzt als Hippie-Mädchen in einer der Fels-
höhlen von Matala aufwachen, servierte mir niemand
ein Guten-Morgen-Getränk, und ich müsste mich auch
sonst um alles selber kümmern. Nee. Aussteigerin bin
ich nicht, war ich auch nie. Ich habe immer die Mitte
gesucht – und endlich auch gefunden (Danke, nach so
langer Suche!!). Menschen, die mich früher kannten,
sagten manchmal über mich: „Alles muss sie übertrei-
ben, was sie auch tut." Ja, ich verfiel den Extremen.
Aber nun kenne ich sie, habe aus meinen Fehlern
gelernt und weiß es besser. Davon abgesehen, dass es
auch heute noch Fehler zu machen und daraus zu

71

lernen gilt. Ich will mir wirklich nichts anderes vormachen!

Ein Hippie wohnt trotz allem in mir drin; ich erkenne ihn an diesem Faible für „ihre" Kleider und diesen Freiheitsdrang. Aber ehrlich: Außer mir hat sowieso keiner mehr die richtigen Stoffproben (die dünne indische Baumwolle muss es sein, und nicht Viscose, Polyester oder Rayon!), auch in Matala nicht, wo Flower Power noch in rosa Aufklebern lebt (auf dieser Tagebuchseite klebt eine solche leuchtende Blume zur Ansicht), in regenbogenfarbenen Straßenmalereien, auf einem VW Käfer, so bunt wie die Sechziger, Siebziger Jahre. Und in den Höhlen natürlich, teilweise immer noch bewohnt von hungrig aussehenden Männern, die irgendetwas verkaufen wollen beziehungsweise müssen. Selbstgemachten Perlen- und Lederschmuck, Flöten aus Olivenholz, eine Massage für Rücken, Füße, Kopf.

*„Life is now. Tomorrow never comes", says George.*

Dieser Spruch wie aus meinem AA-HEUTE-Buch mit den guten Gedanken für jeden Tag ziert eine Wand am Meer. Ich habe keine Ahnung, wer George ist, aber diesen Gedanken kann ich ohne Weiteres annehmen. Und so fügt mein Hirn das Eine mit dem Anderen zusammen und spuckt mir als Schlussfolgerung aus: AA ist <u>mein</u> Hippie-Land im ganz normalen Leben; als „Meisterin der Mitte".

Wer weiß: Vielleicht bekomme ich heute Abend sogar ein Meeting in Chania? Mal sehen. Es würde mich sehr freuen, das ist ja klar.

Wir hatten es gar nicht geplant, aber auf dem Weg nach Matala fand uns der Palast von Phaistos, in anderer Übertragung einfach Festos geschrieben. Jedenfalls, einmal hier angekommen, besichtigten wir diese „alten

Steine" auch. Es gibt dort keine Führungen, alles ist original und nicht in Beton gegossen; und das Historienherz vom Töchting hätte auf jeden Fall höher geschlagen! Ralf sagte, er findet es „dramatisch schön" an diesem Ort. Freie Sicht auf die umliegenden Berge, in das weite, endlos weite Tal und ein übersichtlicher Grundriss, den man – auch dank der aufgestellten Erklärtafeln in mehreren Sprachen – gut verstehen kann. König und Königin hatten auch damals getrennte Gemächer, na siehste! Das Geheimnis einer glücklichen Ehe sind getrennte Schlafzimmer. Man stört einander nicht durch Schnarchen, Rumoren oder einen fürsorglichen Mutterinstinkt, der eine wie mich wachsam auf der Lauer liegen lässt. ‚Und wie macht ihr es dann mit der Liebe?', höre ich im Geiste neugierige Leute fragen. ‚Ganz einfach', höre ich mich antworten, ‚wenn er Sehnsucht nach Zärtlichkeiten hat, dann klopft er leise an meine Tür. Und wenn ich es bin, dann gehe ich zu ihm und frage: ‚Schatz, hast du geklopft?'‘… Ich schritt barfuss die uralten Prozessionswege ab und versuchte, mich in meine Vorfahren einzufühlen. Sie sind alle noch da, oder?! Sie sitzen auf den Stufen, plaudern. Haben sich in Jeans und T-Shirts gekleidet, damit man sie nicht gleich erkennt.

Während ich dies schreibe, umwehen mich Gespräche, griechische Worte, die ich nicht deuten kann. *Allemange* kommt darin vor – und so manches Lachen. Es ist mir egal, falls sie sich über mich lustig machen sollten – aber wieso eigentlich! Da kommt der Zweitkaffee, dieses Mal vom Berliner Ziehsohn großzügig spendiert. Echt! Er hat dasselbe Lächeln, seine Statur. Dabei sind wir nun wirklich mitten im kretischen Dorfleben angekommen. Hier gibt es keine anderen Touristen außer

73

uns. Gerade trifft der Fisch-Mann ein und beliefert die Taverne. Ralf darf zugucken. Gutmütig schmunzeln die Leute mit ihren gegerbten Gesichtern über sein ehrliches Staunen. Seine Bewunderung.

Wir wollen nicht zu spät losfahren (viertel Zehn ist es jetzt); wir wollen ja noch weiter in den Westen, in den Norden fahren. Wo wir wohl heute Abend landen werden – vor oder nach dem AA-Meeting in Chania? Let's see...

Life is now. Tomorrow never comes, says George. Das könnte zwischen uns zum geflügelten Wort werden. Vom 11. bis zum 13. Juni treffen sich die ehemaligen Höhlenbewohner von Matala erneut dort. Da wäre ich gern „Mäuschen"; aber – Insch'Allah – dann werden wir schon wieder in Berlin sein, wir Good Old AA-Hippies. Ja, Matala besitzt einen Zauber; man beginnt sofort zu grinsen, dort am Strand, in dieser Bucht wie nicht von dieser Welt, im Ort mit seinen bunten Straßenmalereien von damals – und wenn man all die „Flower Power"-VW Käfers so sieht. Ein junger Mann kam gerade aus seiner Wohnhöhle, als wir einparkten. Ich vermute, dass er da wirklich heute noch lebt. Später sahen wir ihn am Markt selbstgeschnitzte Flöten verkaufen. Ich habe mich mit dem Thema oft und lange auseinandergesetzt als Journalistin, als Mensch: Leben „alternativ". Leben ohne Geld. Es hat mich nie auf Dauer überzeugt, weil es eine andere Bedürftigkeit hervorbringt, die wieder nicht zur Freiheit führt. Ich denke zum Beispiel an die Frau, die ohne Geld lebt und damit durch die Lande reist, Vorträge hält, Menschen agitiert – und nicht recht zu verstehen scheint, wieso ihr Aggressivität entgegen schlägt. Ein Mönch ist demütig, dankbar denjenigen gegenüber, die ihm kraft ihrer tagtäglichen Mühe Almosen schenken und ihn mittragen. Diese Frau nicht. Sie versucht sich als Vorreiterin darzustellen, als Fortschrittliche, die den anderen etwas zu sagen habe. Das nehmen diese redlichen Menschen einfach nicht so ohne weiteren Protest hin, und ich verstehe das. Sehr gut inzwischen. An jedem Punkt meines Erdendaseins war das auch nicht so. Aber auch früher wurde ich schon stutzig, als jene Dame mich aus heiterem Himmel anrief, um eine Einladung. Während eines Interviews im Café hätte ich selbstverständlich zahlen müssen; ich war ja die, die immer noch **mit** Geld lebte. Es kam mir nicht stimmig vor, und heute glaube ich auch zu wissen, wieso. Genug davon. Bald müssen wir wieder los. Ralf mahnt schon ein wenig zur Eile, will mir scheinen; obwohl er nie direkt mein Tagebuchschreiben abbrechen würde. Nie! Er respektiert es, dem Himmel sei dank.

An diesem Ort schwelgt er übrigens in Kindheitserinnerungen.

Die Stimmung an diesem Morgen hier auf dem Familienhof, in diesem erwachenden Familienbetrieb erinnert ihn an das eine, ganz bestimmte thüringische Dorf, und wie es war als Junge bei der Oma. Kein Wunder, dass er von da nicht wieder fort wollte! Aus solchem Frieden, solchem Einklang mit der Natur. Und jetzt – Ha! – jetzt hat er eine Frau, die da erneut mit ihm einzutauchen bereit ist. Die das auch selber kennt, aus einem anderen thüringischen Städtchen und ihrer eigenen Kindheit mit einer Oma (vor ein paar Tagen ist sie mir ja erst im Traum erschienen). Das hat schon was. Vielleicht, weil sie es ahnen, haben uns die Griechen ein Mitbringsel geschenkt: Ein schmales Glasfläschchen, in Gelb und Gold und feinen schwarzen Pinselstrichen wie von einer chinesischen Zeichnung mit Ranken, Blüten über und über von eigener Künstlerhand bemalt. Die Frau und Urheberin, die es dem Liebsten feierlich in der Taverne beim Bezahlen übergab, hatte bereits einen großen Rakikanister in der Hand, bereit, den Flakon großzügig zu befüllen. Gerade noch rechtzeitig wehrte der Gefährte ab. Wir werden das zerbrechliche Gefäß hoffentlich heil nach Berlin befördern und dann für kretisches Olivenöl verwenden. Insch´Allah. Natürlich.

PS: Heute hat es das erste Mal, seit wir auf Kreta sind, geregnet. Zwischen 6:42Uhr und 6:45Uhr, sagt Ralf. Ola! Sensation! (unterwegs, im kurz stehenden Auto:) Ralf sagt: „Du bist ein AA-Hardliner der weichen Sorte." Was für ein Satz!

PPS: Im Ort, wo wir übernachteten, gibt es ein abgewracktes Hotel, das wie ein Sektensitz anmutet (zu Hause googeln!). Merkwürdige Unordnung überall, unsichtbare Menschen müssen am unabgeschlossenen Eingang ihre Schuhe ausgezogen haben. Ein bekränztes großes Foto irgendeines Mannes in der Halle. Draußen eine Art Gärtner, der uns mit verschlossener Miene abwies. No, no, schüttelte er den finsteren Kopf. Das sei keine öffentliche Herberge. Wir sollten gehen.

Heute vor zehn Jahren habe ich das Familiengeheimnis* erfahren. „Falls" wir eine Begründung für diese Reise brauchen: Zehn Jahre Ehe und Erneuerung unseres Versprechens (Ralf hat meine Schrift verwackelt durch Räumen und Rumpeln am Auto, während ich versuchte, die Pause schriftstellerisch zu nutzen).

(16:00Uhr, next stay, Hotel Irene in Chania:)

Wir steigen hier ab, um — endlich — ins Meeting zu gehen. Hurra!

*Für Leser, die es noch nicht wissen: Anlässlich unserer Heirat haben wir ja von einer Standesbeamtin gehört, dass ein anderer mein leiblicher Vater sei als ich bis dahin gewusst hatte. Mehr dazu an anderer Stelle. Nicht hier. Nicht in diesem Buch.

### Mittwoch, 27. Mai 2015 in Chania, Hotel Irene

Nun zeige ich langsam Nerven wegen der ständigen Quartierwechselei; ich liege total müde im Bett und kann trotzdem nicht einschlafen – egal, was ich auch alles übe! Yogisch atmen, den Gelassenheitsspruch hersagen, die zwölf Schritte, gar nichts mehr... – Ich liege da und bin MUNTER! Hmm. Dabei hatte ich gestern ein Meeting – und was für ein schönes!!!

Englischsprachig, zwölf Personen – einschließlich zwei Urlaubern aus Schweden. Und mir! Es gab mir so viel Kraft, dass ich hinterher ganz glücklich mit Ralf durch die Souks von Chania „schwebte" – und am Hafen entlang, wo wir zuvor schon gegessen hatten; Fischsuppe (er), Thunfischsalat (ich UND er, denn es war eine Riesenportion „mit Berg"). Zuletzt tat mir Achilles wieder weh; ich ruhte ihn aus über Nacht. Wenigstens das, wenn ich schon nicht recht schlafen konnte; nur ein wenig gegen Morgen. Bis es laut wurde in diesem hellhörigen, aber eigentlich recht gemütlichen Haus. Vierzig Euro mit Frühstück, fünfunddreißig ohne; wir nahmen „mit"; es ist einfach und übersichtlich, reicht aber für mich total aus. Der Kaffee war alle, die Maschine streikte, aber eine Katharina (wer sonst) reichte extra für uns zwei Kännchen „French Press" mit dickem, starkem Gebräu. Danke, Namensvetterin. Sie legte sogar noch einmal nach und verdoppelte uns die Koffeinration. Dazu lächelte sie freundlich, während auf dem Tresen eine müde Kaffeemaschine dampfend vor sich hin ächzte und ein anderer Gast sie trübe anstarrte, die leere Tasse in der rechten Hand.

Noch zweimal hat es gestern geregnet: Auf der Fahrt von Rethymnon nach Chania – und als die Gruppe aus war. Da warteten wir mit einem amerikanischen Freund, der bei der Army auf Kreta stationiert ist, noch eine Weile, bis es wieder trocken war draußen. So lange alberten wir sympathisierend herum. In Berlin höre ich manchmal, AA sei das Beste, was jemals aus Amerika zu uns „herüber" gekommen ist. Wir nickten alle drei ausdrücklich zu diesem einenden Gedanken. Der Freund kennt und liebt Berlin, sagte er. Ach, Berlin! Mein natürlicher Lebensraum, und nun vorübergehend ohne mich...

Dies ist übrigens das einzige AA-Meeting auf ganz Kreta! Jenes in Rethymnon, das wir letztes Jahr noch kennenlernen durften, gibt es nicht mehr. Jemand ist fortgezogen, ein anderer verstorben, und dann fand sich eben niemand, der die Gruppe noch fortgeführt hätte. Tja. So kann es gehen. So *geht* es, in einer Gemeinschaft, in der alles, aber auch alles auf totaler Freiwilligkeit beruht. Die beiden Schweden sind zweieinhalb Stunden hin- und zweieinhalb Stunden wieder zurückgefahren (nach Heraklion) – nur, um einmal ein Meeting zu bekommen! Das muss ich mal in Berlin erzählen, in unserem „AA-Paradies" mit seinen hundertfünfzig (oder wer weiß, wie vielen mittlerweile) Gruppen zu allen Tages- und Nachtzeiten, an jedem

Tag der Woche. Ich jedenfalls war sehr froh darüber und dankbar dafür, diese eine Stunde unter Gleichgesinnten erleben zu können. Ich habe dem auch Ausdruck verliehen, und es ging ganz gut mit meinem Englisch. Ich glaube, ich stecke auch deshalb so „drin" in dieser Sprache, weil ich in meinem langjährigen Yoga-„Zusatzstudium" so viele Texte auf Englisch lese, immer wieder neu. Danke, ihr Synapsen; dafür, dass ihr euch so unbemerkt wie zuverlässig gebildet habt in meinem Hirn!

Aus dem Familienbetrieb gestern Morgen in Limenes wurden wir – wie schon erwähnt – mit diesem allerfeinst selbstbemalten Glasfläschchen verabschiedet, und Ralf konnte die Frau des Hauses gerade noch davon abhalten, es mit Raki zu befüllen aus einem großen Behälter. That´s the way it is. Zu Hause werden wir Öl oder Essig reintun, auch wie gesagt. Diese Bemalung mit gelben Blümchen und güldenen Ranken gefällt mir sehr und wird mich an unsere Tour erinnern, die mich jetzt allmählich anstrengt. So schön sie auch ist.

Über die Berge fuhren wir nach Zakros, wo das heimische Mineralwasser der Insel herkommt. Dort umwanderten wir einen verwunschenen See, der mich an Loch Lomond erinnete, das Lied, das ich summte. Ich selbst bin ja noch niemals dort gewesen, in Schottland. Seltsamerweise meldete sich auch die Stimme von Roger Whitaker in mir und bestand darauf, mir das Lied von der „Indian Lady" vorzusingen, speziell die Zeile „We swam together naked..." Dabei ist Schwimmen und Fischen in Zakros doch ausdrücklich „forbidden".

Hohe Berge ringsum, voller verführerischer Aufstiege und Wanderwege. Aber wir wollen ja weiter. Ich fügte mich seufzend (die Aussicht auf ein Meeting ließ mich gefügig sein).

Eine kleine Rast mit Oliven, Knoblauch und Brot; ansonsten düsten wir voran, Serpentinen rauf und wieder runter. Ein ausgelassener, fröhlicher Mann am Steuer, neben dem ich ewig so sitzen und genießen könnte. Irgendwann erreichten wir das uns schon bekannte Rethymnon und fuhren von da aus gleich weiter nach Chania. Die Suche nach einer Unterkunft außerhalb der Stadt, in Flughafennähe scheiterte! Zu teuer, schon belegt, für minimal drei Nächte zu haben. Tja. So kann es eben auch gehen. Wir haben keine Garantie auf preiswerte Verfügbarkeit unserer Nachtlager. Also trollten wir uns nach anderthalbstündigem Umweg denn doch zurück in die Stadt, schon etwas angespannt – und folgten schließlich einfach den Hinweisschildern zum Hotel Irene. Und siehe da: Das Meeting ist gleich um die Ecke.

Als uns die Dame an der Rezeption auf einem Stadtplan zeigte, dass jene Kirche binnen fünf Gehminuten zu erreichen ist, in deren Gemeinderaum AA „tagen" darf, fühlte ich mich dem Göttlichen wieder ganz nahe und hatte den tiefen Eindruck, alles verlaufe trotz scheinbarer Verirrungen und Mühen doch grundsätzlich „nach Plan". Danke.

Die Idee, diese Reise als Zehn-Jahres-Hochzeitsreise mit Erneuerung unseres Eheversprechens zu betrachten, gefällt mir. Auch darum sollten wir einander kennenlernen, wie wir heute sind; auch mit meinen „Schwächen", die ich sonst vor Ralf verberge, um ihn – den Frühdienstmann – zu „schonen". Er ist dankbar dafür, dass ich ehrlich zu ihm bin, sogar in diesen vermaledeiten Dingen, in denen ich mir selbst nicht so gefalle. Dass mir auch mal etwas zuviel wird und ich das zugeben muss, wenn auch ich eine schöne Zeit hier haben will. Ralf mache aus dem Ganzen „so ein Jungs-Ding", habe ich ihm gegen fünf Uhr morgens vorgeworfen; so eine Sache wie unser Sohn mit seinem Kumpel, die gerade mit ihren Simson-Mopeds von Thüringen bis nach Afrika fahren wollen, immer an der Mittelmeeresküste entlang. Da sehe ich offenbar eine gewisse Parallele zu uns – „mit der Katrin einmal um ganz Kreta herum" – jedenfalls, wenn die Geister der Nacht mich am Wickel haben.

Ich weiß nie, wann es noch gut für mich ist, und ab welchem Punkt ich bloß noch „funktioniere"; es dem Geliebten um jeden Preis „rechtmachen" will. Da hilft nur: Weiterüben. Gott um Hilfe bitten. Danke sagen. Danke für all das Schöne, das ich – besonders hier – leben darf. Dass ich überhaupt leben darf. Kein Problem, kein Drama daraus machen...

Der Arbeitstitel für den zweiten Teil meines Kreta-Tagebuchs „Stepping Stones. You need a stick to cross the river" passt auch dafür; für das Hochzeitsprojekt. Für die Überwindung der Klippen einer langen Partnerschaft. Für die Erneuerung, Bekräftigung des „Ja" zueinander. Finde ich. Dass es passt.

PS: Es war der hinlänglich bekannte Sahara-Rain! Unser Auto ist voller „Zementspritzer".


Circa 21:00Uhr am selben Mittwoch, dem 27. Mai 2015 sitze ich am Schreibtisch in den Galini Studios am Hafen von Paläochora. Das ist die glückliche Fügung am Ende eines sehr besonderen Tages. Morgen mehr dazu.

Für fünfunddreißig Euro pro Nacht residieren wir bis übermorgen hier. Es ist einfach wundervollst!!

So ein freundliches Studio in blau und dunkelgrün, direkt am Meer. Danke.

### Donnerstag, 28. Mai 2015 in Paläochora auf Kreta

Frieden direkt am Meer.

Unsere – wenn ich richtig gerechnet habe – achte Unterkunft ist wirklich eine der schönsten. Wir haben bis halb Zehn geschlafen – gleich gibt es den ersten Kaffee am Morgen. Mitten in einem weiteren Paradies auf dieser Insel der Schönheit und der Götter. Danke dafür, dass ich hier sein darf. Ich werde ganz demütig, auf natürliche Weise. An der Rezeption sitzt ein junger Mann, den ich beim Einchecken fragte, ob er Student sei und in diesem Haus „Galini" jobbe. Er sehe so jung aus, sagte ich. „Yes, I am young", antwortete er. „But I am no student. It is mine." Das Haus. Es gehört ihm! Auf meinen erstaunten Gesichtsausdruck hin fügte er hinzu: "I have a good father."

Ah, so. Da sind wir schon zwei. Tue ich dem einen unrecht, wenn ich dabei nur an den anderen denke? Ich habe den Großziehvater nie um etwas gebeten. Den anderen auch nicht. Trotzdem fühlt sich das Empfangen beim Letzteren besser an... Don´t know, why. Oder vielleicht weiß ich es doch, will es nur gerade nicht bis in seine hintersten Verästelungen zu ergründen suchen. Das tut nicht immer und vor allem nicht überall not. Ein glücklicher Ralf grinst hinter mir aus seinem Bett; wenn es möglich ist, dann bleiben wir tatsächlich drei Nächte hier und fahren am Samstag mit der Fähre, die direkt vor uns am Hafen liegt, nach Chora Sfakion und von da aus die letzten Kilometerchen bis Rodakino. Mal sehen, ob der junge Hausherr das möglich macht für uns (offiziell frei ist unser Studio nur für zwei Tage und Nächte). Er erzählte, dass viele Deutsche hierher gezogen seien; sich leer stehende Häuser gekauft hätten. Beim abendlichen Rundgang durch den Ort sahen wir sie „alle" an den langen Tischen der Tavernen sitzen, die bemerkenswert voll waren. Die Kioske zeigen ein reiches Sortiment an deutschen Zeitungen und Zeitschriften. Ich kann verstehen, dass man immer auf einer solchen Halbinsel mit beiden Seiten zum Meer leben will - und weiß doch: <u>Meine</u> Heimat ist Berlin!!

Bevor wir also hierher fanden, fuhren wir von Chania aus nach Elafonisi, wo das Meer von allen Seiten eine geheimnisvolle Wattlandschaft schuf. Mannigfaltige Strände und verwunschene Buchten laden zum Baden ein, in der Meute oder ganz allein. Es existiert sogar ein – natürlich inoffizieller – FKK-Strand. Wir plantschten zuerst und ließen uns von der Gischt bespritzen; dann lagen wir ein bisschen im heftigen Wind, der Sand und kleine fiese Kletten überallhin beförderte in Minutenschnelle. Schließlich liefen wir los, über eine Landzunge zur Insel. Barfusswandern ist eine Wohltat allererster Güte! Ahhhh...

Wir bestiegen das hügelige Eiland, dankten oben an der Spitze auf einem Plateau den Göttern für all diesen Segen und fühlten uns nach Skagen versetzt, die nördlichste Spitze Dänemarks, an der es zwar sehr viel flacher ist als hier, man sich jedoch ähnlich direkt im Wasser stehend empfindet, jedenfalls hautnah die Elemente und ihre gewaltige Kraft am eigenen Leibe spürt.

Mitten in dieser Rauhheit und den Wellen aus einfach allen Richtungen rings um uns her, erneuerten wir unser Eheversprechen. Feierlich und fast genau „zehn Jahre danach". Eine spontane Idee, aber sehr, sehr schön. Eine junge Frau, die mit ihrem Freund zufällig(?) anwesend war, hielt das Ganze freundlicherweise im Bild fest. Sie gratulierte uns, und es sah so aus, als liefe sie danach anders auf ihren Gefährten zu, um ihm die Neuigkeit zu berichten. Na ja. Wer liebt, der gönnt auch immer anderen Menschen Liebe. Das ist ja klar.

Nun hat es sich also ganz einfach auf die richtige, für uns passende Art und Weise ergeben, dass sich mein diffuser Wunsch erfüllte: Wir sollten nach zehn Jahren unser Eheversprechen erneuern und bekräftigen, hatte ich mich schon mehrmals sagen gehört. Ralf hat mich „so" angeschaut wie damals, Aug in Auge, tief, tief, tief. Er fragte mich, ob ich will. Jetzt. Hier. Sogleich. Da stand sie dann in der Luft, über so ungezähmtem Gesträuch, Ginster, Flechten, Steinen, Wogen und – etwas entfernt von unserem Standplatz – einem Kirchlein, das auch wie gewachsen auf dieser Anhöhe wirkte. Diese Frage. Und – ja, ich wollte tatsächlich. Die junge Frau zückte den Fotoapparat, er fragte, ob ich wieder JA zu ihm sagen möchte. Ja, sagte ich. Und umgekehrt. Ja, sagte er auch zu mir. Das war es. Unser aufgefrischtes neues JA füreinander. Einen Moment lang schaute Poseidon aus den Fluten und nickte uns zu. Das war ein heiliges Ja, eine Zeremonie in der umtosten Natur. „Ich nehme das ernst," sagte Ralf, „Du hast Ja gesagt!" Na klar. Was denn sonst.

Um die Hüften trug ich ein blauweißkariertes Pestemal, ein türkisches Hamam-Tuch, dazu eine flatternde hauchdünne weiße Baumwollbluse über dem Bikini.

Mein zum zweiten oder zweitausendsten Mal erwählter Ehemann umarmte mich in kurzer Hose und offenem weißen Leinenhemd. Das war uns gerade recht als Outfit in diesem Freiluft-Standesamt. Es passte wunderbar. Dass ich meinen ausgeblichenen rosa Strohhut trug mit der Mallorca-Orchidee aus Seide am Rand, wirkt auf den Bildern wie edelste Luxus-Kopfbedeckung. Beinahe, als wären wir „geradewegs von unserer Yacht geklettert". Echt!

Barfuss wanderten wir zurück und aßen in der Taverne am Hang Pizza und Village Sausages – dazu Tomaten, Oliven und Brot. Unser Hochzeitsessen.

Lieber Gott, bitte – danke, lass mich solche Bücher schreiben, die die Menschen wirklich brauchen und freiwillig gerne lesen und kaufen. Damit auch ich meinen Teil zu unseren zukünftigen Reisen – vielleicht mit Enkelchen – und zu unserem schönen, guten Leben beitragen kann. Wenn es DEIN Wille ist. Insch´Allah. Ich schreibe, wozu DU mich inspirierst, zur Freude aller. Nie war ich so bereit dafür wie heute.

„Sei still und arbeite", sagt ein grinsender Ralf von seiner Lagerstatt herüber, wo er gerade Pancha Sahita Teil drei geatmet hat. Macht sich gut in Meeressalzgeschwängerter Luft! Ständig Nasenkännchen (Anmerkung: eine Reinigungstechnik aus dem Yoga) auf ganz natürliche Weise. Ralf sagt gerade mit Blick auf sein „Spielzeug" (Smartphone): „Die Insel, auf der wir gestern geheiratet haben; unser Ja-Wort erneuert, die heißt Lafonisi Natural Reserve." Mit ihr sind wir nun auf ewig (ja, genau so „groß"!!!) verbunden. Wenn einer den anderen verlöre, könnte er ihn hier suchen und vielleicht sogar finden.

„Es ist immer noch Glück", hat eine Weisere als ich mir erzählt. Seit vielen Jahren pflegt sie ihren kranken Mann. „Das berührt mich", sagte Ralf, als ich es ihm weiter sagte.

So berühren möglicherweise auch wir die Nachfolgenden mit unserer Liebe. Aber steuern können wir es nicht. Und gut so. Das Ego kennt so viele Finessen und Verdrehungen und Schlupflöcher. Man könnte sich nie sicher sein, ob die eigenen Absichten wirklich rein sind, echt und ehrlich.

Im Appartementhaus der Taverne von Elafonisi waren sie „full" und hatten kein Zimmer für uns. So zogen wir weiter und fanden einen viel schöneren Ort. Ich denke an die galoppierende AA-Weisheit, die aussagt: Wenn deine Wünsche sich nicht erfüllen, dann kann es sein, dass Gott einen viel besseren Plan für dich und dein Leben hat. Es scheint so, als hätte sich dies gerade wieder durch eigene Erfahrung bestätigt. Danke.

PS: Elafonisi wird auch als „die Malediven Kretas" bezeichnet – oder mit Karibik-Flair umschrieben. Zu Recht! Ralf liest gerade einen Internet-Bericht über Paläochora laut vor, der uns beide zum Lachen und zum Weinen bringt. Dachte ich bis „eben" noch, Xerokambos sei genau auf uns zugeschnitten, denke ich nun, Paläochora toppt das um Einiges mit seinem ursprünglichen Charme und seiner Leichtigkeit. Hier passen wir total her! Es ist verrückt: Ein Ort zauberhafter als der andere. Paläochora ist die wärmste, sonnenreichste Stelle der Insel, höre ich gerade von meinem Wikipedia-Mann

(Siestazeit, nachmittags...) Beim Herumwandern gefunden: Kleine Häuser am Meer (Steinstrand) für fünfzig Euro pro Tag, der Preis wie in Rodakino, aber irgendwie noch befreiter, lieblicher, schöner hier... Tut mir leid, aber das stellt sogar die Villa Braou in den Schatten. (Ich scheine schon ganz gewaltig verwöhnt zu sein, wenn ich mich so reden höre, lese, mit diesen Vergleichen und Bewertungen!!)


## Freitag, 29. Mai 2015 in Paläochora

Heute beginnen der Sohn und sein Freund offiziell ihre große Mopedtour „Mit der Simson bis nach Afrika". Ralf und Katrin hatten derweil einen Ruhe- und Flaniertag hier am Ort, wo zu beiden Seiten Wasser tost. Ein Krokodil aus Felsen liegt auf unserer, der Ostseite, flach im Meer. Der Sage nach bewacht es dieses Städtchen. So wird ihm kein Leid zugefügt, und es bewahrt sich auf alle Zeiten seinen kretischen Liebreiz. Die großen Touristenbusse fahren an Paläochora vorüber. Hier tummeln sich ausschließlich Individualtouristen wie wir, Wandersleute, Frauengruppen, Familien... Viele Paare – auch so glückliche Paare wie wir. Die Einheimischen strahlen. Wird man anders, fröhlicher, offener, wenn man sein ganzes Leben an einem solch herrlichen Platz verbringt? Diese Ausstrahlung zieht uns wahrscheinlich noch stärker an als all die wunderschöne Landschaft. Das vermute ich jedenfalls. Es ist ja nicht messbar.

Wir liefen so umher und fanden die Ferienhäuschen am Strand, wo wir das nächste Mal absteigen werden – falls es ein nächstes Mal Kreta für uns gibt. „Blue Paradise" – den Namen trägt die Siedlung zu Recht. Wir kletterten über Steine, aßen Club Sandwich im Café am Hafen, um uns zu stärken für den kurzen Aufstieg zur verfallenden Festung oberhalb von Paläochora, von der aus man die ganze Landzunge überblicken kann, auf der es liegt. Beide Strände, wie Schneeweißchen und Rosenrot: Einer dunkler und steinig, einer heller und voller weichen Sandes. Und wohin man auch schaut, überall diese azurblauen, hellblauen, himmelblauen Fluten. Ich bin bezaubert – und habe eigentlich gar keine Bezauberungskanäle und -speicher mehr in mir frei nach dieser bisherigen Tour; nach diesen vierzehn Tagen rund um die tatsächlich göttlich geküsste Insel. Ich kann es kaum noch fassen, im wahrsten Sinne des Wortes, wie wunder-wunderschön es hier ist. Ich weiß, dass ich mich wiederhole; und ich weiß auch, dass mir vor langer Zeit außer den Superlativen auch noch die restlichen Worte ausgegangen sind. Möge das Söhnchen Ähnliches erleben, wenn er die nächsten drei oder vier Wochen mit seiner „Simme" durch den Mittelmeerraum cruist.

Am Nachmittag hielten wir eine kleine Siesta. Ich war tatsächlich müde und schlummerte am offenen Fenster ein, bis ein Romananfang, eine Inspiration mich weckte! Sie kam vollkommen ungerufen. Eine alte Frau kehrt an den Ort ihrer Liebe zurück und lässt ihr Leben Revue passieren – mit Blick auf die vorüberziehenden herzförmigen Wolken, die ich gestern sah, als ich so auf meinem Bette lag. Da könnte man alles hinein packen; vielleicht ist es aber auch zu kitschig. Es war jedenfalls eine amtliche Inspiration; sie erschien, zog vorüber und zerstob wieder, wie die Wolken am kretischen Firmament. Im Falle einer echten, tragfähigen Idee spreche ich sowieso nicht mehr; dann **tue** ich es ohne Umschweife, setze mich hin und schreibe – ohne noch darüber zu diskutieren oder zu philosophieren. Gestern jedenfalls erwartete ich nichts Derartiges, ich genoss einfach das Ausruhen, die Stille, die viele Zeit, die wir hatten. Dass wir nirgendwo ankommen mussten.

Danke...

Die Fähre nach Chora Sfakion hat sich als zu teuer für uns herausgestellt. Siebzig Euro alles in allem; siebzehn Euro pro Person und fünfundddreißig noch einmal fürs Auto. Da fahren wir lieber über die Berge, morgen auf unserem Weg nach Rodakino. Ralf sah so enttäuscht aus, dass wir heute eventuell einen kleinen Ausgleich versuchen: Wandern nach Sougia am Strand entlang beziehungsweise auf einem Weg, der oberhalb des Strandes verläuft – und abends dann wenigstens ein Stückchen mit der Fähre von unserem Ziel aus wieder zurück. Vielleicht ein Kompromiss, wenn die Götter und unsere Füße es wollen. Vier bis fünf Stunden soll der Gang dauern, hörten wir im Touristikbüro. Das Wetter ist freundlich, sonnig (nachdem gestern Abend erneut der Sahara Rain plätscherte), und wir sind gut am Start: Um 8:30Uhr aufgestanden, als sich jene Fähre gerade auf ihren Weg begab und uns beim Fenster-Aufschieben gerade noch ihr Hinterteil präsentierte. Es gibt Schiebefenster und Schiebefensterläden hier bei Mister Galini!!

Am Abend hat Ralf sich <u>noch</u> ein Hochzeitsessen gewünscht: Fischplatte für zwei wie damals im Pier Chic in Dubai (schon wieder muss ich daran denken).

Es war mindestens genauso lecker, und wir genossen es um einen Bruchteil der damaligen Kosten. Als Abschluss gab es selbstgemachte Schokolade – und ich dachte an meine Mutter, die auch mal so eine Phase hatte, in der sie ihre Pralinen selbst fabrizierte. Lang, lang ist´s her. Aber den Geschmack von damals, diese dunklen auf der Zunge schmelzenden süßen Sündenhappen, vermag ich heute noch heraufzubeschwören. Hmmm...

PS am Abend: Das Fenster zum Meer im Studio Nummer 10 wird mir sehr fehlen! Hier würde ich glatt im Bett schreiben; direkt an diesem herrlichen Ausguck, der den Blick freigibt aufs offene Wasser oder, wenn man ein wenig tiefer in die Kissen rutscht, auf den blauen Himmel. Das Rechteck umrahmt einen Ausschnitt mit vorüberziehenden Wolken, der einen träumen lässt und beruhigt, beruhigt, oh so beruhigt...

### Sonnabend, 30. Mai 2015, NOCH in Paläochora

Aber bald in Rodakino, Insch´Allah. Was für ein amtlicher Wandertag das doch gestern war, oh je und Halleluja!!! Völlig entkräftet legte ich mich am Abend ins Bett, wollte in keine Taverne mehr, nur noch ausruhen und wieder zu mir kommen bei Tee und Zwieback.

Eines habe ich jedenfalls gelernt: Wenn die Kreter Warntafeln aufstellen mit den Hinweisen „Remind the heat! Carry enough water! Emergency call: 112", dann ist das keine sinnlose Panikmache oder Touristenabschreckung; sondern es ist in jeder Hinsicht angebracht, berechtigt und total ernst gemeint. Eine Stunde liefen wir von Paläochora zum „Sandy Beach", und danach ging es erst los! 9,5 Kilometer – okay. So lang ist auch mein freitäglich üblicher Meetingsspaziergang – und den gehe ich hin und wieder zurück. Also war ich zuversichtlich (um nicht zu sagen: überheblich). Aber über zwei Berge, Stock und Stein, durch Täler, an schier atemberaubenden Ausblicken vorüber brauchten wir – mit zwei Imbiss-Pausen – tatsächlich fast die auf dem Schild angekündigten (angedrohten?) sechs Stunden. Verrückt! Zum Grande Finale, kurz vor dem Zielort Sougia, ging es sogar noch durch eine bizarre Gorge, gesäumt oder überdacht von einer schrägen, mächtigen Felswand. Sie lehnt sich ein wenig über den Wanderweg und stellt ihre regelmäßigen hell- und dunkelbraunen Streifen zur Schau. Wo sie dieses Muster wohl her hat?

Hätte ich diese Anstrengung vorher geahnt... - Ach was! Ich hätte es trotzdem getan. Die Anmut und Wildheit der Natur, die Demut, in die sie mich versetzt, das Laufen als Gebet und das Streicheln der Erde mit meinen Füßen – all das war es absolut wert. Ich würde es wieder tun, und Ralf ebenso. Beim zweiten Mal wäre ich sicherlich nicht so hochnäsig, zu glauben: Ich bin ja durchtrainiert, das schaffe ich schon, locker mit „links". Denn es ist weiß Gott kein Pappenstiel; ich danke Achilles und allen anderen meiner Körperteile ausdrücklich dafür, dass sie das mitmachten – und fühle mich jetzt sehr angenehm geläutert, gereinigt, erlöst sogar. Denn am Ende zeigte ich „Nerven" (wird mir – hoffentlich nicht! – übel auf der schaukelnden Fähre, fünfundvierzig Minuten lang zurück?), wodurch das ganze System sich entleerte. Zu meinem großen Glück haben sie auf diesen Schiffen Toiletten, andernfalls wäre ich verloren gewesen. Das war schon eine Aktion, bei der ich echt meine Grenzen gespürt habe, muss ich sagen. Aber Kaffee geht wieder, Hurra!! Schon seltsam, dass man unterwegs nicht einfach abbrechen und in die S-Bahn steigen kann. Hat man es angefangen, muss man es auch auf eigenen Beinen zu Ende bringen. Als wir die Strecke vom Boot aus noch einmal sahen, bekam ich direkt etwas wie Ehrfurcht vor unserer Leistung. Zwischen Paläochora und Sougia, an einem idyllischen Rastplatz im Wald mit einer fröhlich sprudelnden Quelle, wo einst ein ganzes Dorf mit einem minoischen Tempel gestanden haben muss (Ruinen und Mauerreste zeugen noch davon) – in Lissos, so der Name des Ortes – bietet „Captain George" per Werbeschild *Fisherboat Trips* an. Man könnte an dieser Stelle also offenbar auch sagen: Gut. Es reicht. Rufen wir den Captain an und lassen uns von ihm gegen ein Entgelt gemütlich zurück schippern. Aber ich hätte das – so ohne jede Not – nicht gewollt. Ich bin wie Ralf und wie die kretische Natur: Wild und zart zugleich. In mir wie auch in ihm ist dieser Ehrgeiz, *es* zu schaffen und mich dafür auch ganz bewusst selbst zu überwinden. Ich bin kein Opfer. Ich will es ja tatsächlich, mit Gottes Hilfe. Das betrifft auch unsere gesamte, nun zu Ende gehende Kreta-Rund-Tour. Es war nicht bloß Ralf mit seinem „Jungs-Ding" – nein! Ich bin ebenso neugierig und tatendurstig; und ich bin keine „Chick", die nur am Strand liegen und sich die Nägel feilen will.

No, no, never!!

So lernt man sich selber kennen – und ist nicht genau das sowieso immer meine stärkste Motivation, mein Antrieb?! Mensch, erkenne dich selbst. Katrin, erkenne dich selbst! Bei einem solchen Abenteuer, hinausgeworfen aus meiner Routine, geht das am besten – nicht immer am angenehmsten. Aber ich sehe mich deutlicher als Zuhause in meinem geliebten Trott. Das ist ganz klar, das steht mal fest.

Heute Nacht habe ich von Mutti geträumt, die ich in unserer alten Heimatstadt zwischen zwei sehr vertrauten Straßen überrascht habe. Sie stand da auf einer Kreuzung und sprach mit einer anderen verwandten Frau. Sie war freundlich zu mir und freute sich sichtlich darüber, mich so unverhofft zu sehen. Meine Schwester bei ihrem Sport besuchte ich auch. Mit ihr war es einträchtig und harmonisch wie – im Traum. Ach, mein so tiefes Sehnen nach Frieden. Vor allem Frieden in, Frieden mit allen Teilen meiner Familie.

Auf nach Rodakino! Uns bleiben dort zehn Tage Erholung – Insch´Allah - an einem Fleck.

Die Zimmernachbarn hier bei Galini sind jetzt nicht mehr so toll; sie verhalten sich laut und ein bisschen rücksichtlos zu allen Tages- und Nachtzeiten. Das wird im eigenen Haus – in der Villa Braou – sicherlich besser.

(Anmerkung: Das Insch´Allah habe ich mir in Marrakesch angewöhnt. In meinem Buch „The woman who doesn´t travel. Mein Marrakesch" gibt es mehr darüber zu lesen. Es ist eine schön klingende Formel für mich; ich verwende sie genau so gern wie jedes andere Gebet – und meine es in jedem Falle ehrlich damit.)

PS: Mister Galini erzählte, dass vor zwei Wochen hier am Hafen ein Flüchtlingsboot angekommen ist, schon das zweite in diesem Jahr. Nur ganz wenige der ungefähr zweihundert Afrikaner hatten einen Anspruch auf Asyl, und sie wollten auch gar nicht auf Kreta bleiben, von der Armut in die Armut; sondern sie wollten weiterfahren, nachdem sie von den ratlosen Einwohnern etwas zu essen und zu trinken bekommen haben. Ich denke an diesen Spielfilm, den wir mal gesehen haben: Ausgemergelte, kranke und mutlose Flüchtlinge auf einem total überfüllten Schiff landen ausgerechnet in einem Gran Canaria-Urlaubsparadies an. Polizei wird gerufen, um die Menschen fortzutreiben oder einzusperren. Nur eine Familie aus Deutschland nimmt sich heimlich eines dunkelhäutigen Jungen an, versteckt ihn bei sich im Ferienhaus – und weiß eigentlich gar nicht, wie genau sie ihm nun weiter helfen soll.

Existenzielle Not trifft auf Sonnencreme und Strandliegen. Das ist alles Wirklichkeit geworden. Damals dachte ich noch: Was für ein interessantes Szenario. Und jetzt stecke ich mittendrin. Und wir sind die „Urlauber", die „Reichen"!!! Beschäftigen uns mit den Anstrengungen einer langen Wanderung, während andere auf hoher See ums nackte Überleben kämpfen. Mein Gott.

Die Leute, die in Paläochora vor Anker gingen, kamen wohl aus Syrien.

Das ist die Welt unserer Tage. Ich weiß es doch auch nicht, wo uns das alle hinführt.

Ankunft in Rodakino um 16:40Uhr. Kaffeetrinken mit Anna und Großmutter Maria. Papus heißt Opa, Jeya heißt Oma. Vasilikos heißt Petersilie und Aquarios Wassermann. Verständigung ohne Worte – von Herz zu Herz, wie im letzten Jahr.

(...am Abend, nach einem Spaziergang zum Korakas Beach und wieder den Berg hoch zurück:)

Wir sind wieder hier, tatsächlich. Und ich denke daran, dass ich in der Zwischenzeit mein Kreta-Tagebuch

Nummer eins geschrieben habe – mit dem Arbeitstitel, der genau diesen Schreibtisch erwähnt, an dem ich jetzt wieder sitze. Und ich kann es kaum glauben. „Damals" – vor einem Jahr – war Rodakino für mich gleich Kreta. Jedenfalls hatte ich keine Ahnung davon – allerhöchstens eben eine schwache Ahnung – was es hier noch alles zu entdecken geben würde. Und nun bin ich einmal um die ganze Insel herumgekommen. Mein Blick hat sich so enorm geweitet inzwischen!

PS: Kajak-Man und seine schmuckherstellende Frau sind auch wieder da, ich habe sie unten auf der Strandstraße zum Abendessen laufen sehen. Werden wir auch so wie sie, immer an derselben Stelle Urlaub machen? Oder steigen wir doch mal woanders ab, falls 2016 wieder Kreta für uns möglich sein wird?... Galanakis kleiner weißer griechisch kläffender Hund heißt Irma. Das will ich mir merken.

PPS: Ich würde meine Tagebücher nicht einscannen lassen oder schon zu Lebzeiten herausgeben. Ich entscheide selbst, welche Teile davon schon in Bücher einfließen dürfen – und welche jetzt noch nicht. Ich kann Christa Wolf verstehen, von der ich mal gehört habe, dass sie ihre bereits archivierten Tagebücher auf zehn Jahre nach ihrem Tod gesperrt hat. Es wird zuviel interpretiert, fehldiskutiert. Und was die Technikfans nicht wissen können, das ist die „weiche" Seite des künstlerischen Schaffens. Es geht nicht nur darum, die handbeschriebenen Seiten in perfekte Computerkopierer einzulegen, die rasend schnell das Ganze rechnerisch erfassen – und sogar die beigelegten Zettelchen und Schnerzchen sorgfältig aufbewahren, meinetwegen. Für solche wie mich existiert eben auch noch dieser unschätzbare ideelle Wert. Was ich tue, geht nicht schnell. Dazu braucht es Beständigkeit, Geduld, Disziplin, Hege wie für ein kleines Kind. Und dann existiert es als Datei, auf die „wer auch immer" Zugriff hat, wenn ihm danach ist, sie anzuklicken und vielleicht als albern zu verwerfen. Für mich ist es die Essenz meines Lebens, all seiner dunklen und helleren Stunden. Ich gab meine Seele dafür her. Das kann man nicht einscannen. Jedenfalls heute noch nicht.

### Sonntag, 31. Mai 2015 in Rodakino, Villa Braou

Tja, und was denke ich wohl jetzt: Es gibt doch keinen schöneren Ort als diesen hier. Es ist wie nach Hause kommen – und Ralf hat mir das gestern Abend angesehen. „Du bist wieder bei dir", sagte er; „du liest wieder. Du entspannst dich total." Schon im Auto auf der Fahrt von Paläochora hierher wurde ich auf einmal bleiern müde. Andauernd gähnte ich und spielte mit dem Gedanken, einfach ein bisschen zu „nicken". Aber die Neugier war stärker: Katrin muss rausgucken, Bilder und Eindrücke in sich aufnehmen. Ja! Und so kamen wir hier an, tranken Kaffee mit Anna und Maria, räumten eine Weile alles ein, kosteten vom Käse und Brot, das zusammen mit Margarine sowie einem Teller voller frischen Obstes schon für uns bereit stand. Alsdann liefen wir zum Korakas Beach hinunter, wo Ralf noch einmal plantschte (ich meditierte derweil auf den großen Steinen) – und dann saßen wir wieder draußen auf der Terrasse wie im letzten Jahr. Aßen selbstgemachten Greek Salad mit dunklem Brot und harter

Wurst (mein Einkäufer! Findet unterwegs wirklich alles!!) und schwiegen in den ach so stillen Samstagabend hinein. Das Himmel-Beduinenbett nahm uns freundlich auf; zwei Gesunde (ohne Stiche, ohne Ausschlag – danke!), zwei Liebende, die einander gerade ihr Eheversprechen erneuert haben. Ich ahne, woran ich nun üben kann: Ich fand es in einem Zitat aus dem „Kurs in Wundern" und in einem Text von Eckhart Tolle in der letzten „Happinez". Echte Hingabe an das, was ist, an den gegenwärtigen Moment. Widerstände (zum Beispiel gegen ungewohnte nächtliche Nähe und die Schnarchgeräusche) beobachten und bewusst wahrnehmen. So lösen sie sich auf. Sie haben keine Bedeutung und in sich keine Substanz. Nur mein Denken erzeugt sie. Ich habe genug an diesem Mechanismus gelitten, er darf nun von mir genommen werden und verschwinden wie die Wolken am Himmel über Kreta. Ich bin bereit dafür, aus lauter Selbstliebe, Dankbarkeit, Lebensfreude über das, was ich alles Schönes sehen, fühlen, erkunden darf.

„Und deine Ellbogen?", stellte mir neulich jemand die überraschende Frage. „Setzt du sie schon gegen andere ein – oder noch immer nicht?" Das scheint wichtig zu sein, rückblickend aus der Sicht eines langen gelebten Lebens; denn die mich das fragte, hat dreißig Jahre Erdenerfahrung mehr als ich auf dem Buckel. Nein, ich setze keine Ellbogen gegen andere ein; immer weniger halte ich das für not-wendig überhaupt. So etwas wendet keine Not.

Ich habe kein Buch veröffentlicht, seit ich zuletzt hier in dieser Villa war; nur mein Ego könnte daran etwas auszusetzen haben, aber es schweigt.

Ich schreibe immer, die ganze Zeit über – und die Freude daran, sie versiegt nicht. Sollten die Götter mich für neue Entwicklungen für reif befinden, werde ich auch dann glücklich sein, und alles wird sich segensreich fügen. Ich aber kann es nicht *machen*, es muss von selbst geschehen. Es ist auch *so* ein schöner Weg, ein reiches, herrliches Leben. Ich habe auch heute wieder alles, was ich brauche – und sogar mehr, als ich für einen Tag verbrauchen kann. Dafür sage ich auch hier, in Rodakino Danke, von ganzem, überfließendem Herzen, wie schon an so vielen Tagen zuvor.

Ich habe ein wenig die Bücher umgeräumt, die zahlreich auf diesem Schreibsekretär hier stehen. Es sind mehr geworden seit letztem Jahr, jeder Gast scheint eines hier zu lassen. Sie sollen sich ruhig um mich herum gruppieren, aber sie sollen mich bei meinem morgendlichen Tun nicht bedrängen oder gar erdrücken. So habe ich mir meinen Raum geschaffen.

Soeben erscheint ein über beide Wangen grinsender Ralf im Bild, der jubelt: „Ist es nicht herrlich?! Endlich Zeit! Und das Quartier ist schon bezahlt." Ja. Das ist really, really, toll. Nicht nur ich scheine das zu brauchen und zu genießen, sieh mal einer an!

Das jetzt und hier fühlt sich an wie eine Belohnung für all die Anstrengungen. Spandha – Nispandha. Anspannung – Entspannung. Yoga als Lebenskunst, die Kunst des guten Lebens. Man sieht es immer wieder am praktischen Beispiel, an der eigenen, selbstgemachten Erfahrung. Wo denn auch sonst, um alles in der Welt?!!!

Nun ist aber wirklich Strand und Ruhe angesagt; gestern war schon wieder ein Fünf-Stunden-Wander-nachmittag! Wir wollten nur schnell nach Plakias schlendern (und mit dem „Bus" zurück, eventuell, HAHA!). Dieser Weg immer am Meer entlang ist zauberhaft, aber wenn man wie wir erst kurz nach fünfzehn Uhr loskommt und um achtzehn Uhr an Ort und Stelle ist, am Ziel gewissermaßen... – dann sitzt man eben irgendwann bedröppelt da, auf einer Bank, hält innere Einkehr und fragt sich, mit Recht: Was nun?

Die Füße taten weh – Ralf auch! – in keinem der bis dahin durchgekämmten Supermärkte gab es die EINE Halogenleuchte mit „Beinchen", die ich für meine Schreibtischlampe brauche (zwei waren schon kurz hintereinander kaputtgegangen, warum auch immer – hoffentlich geht von mir nicht solch eine zerstörerische Energie aus...) Ein Taxi kostet ungefähr fünfundzwanzig Euro von Plakias nach Rodakino; Schiffe fuhren nicht mehr um diese Zeit an einem Sonntagabend. An einen Bus ist überhaupt nicht zu denken.

Aber so ein kurzes Innehalten, so eine Einkehr hilft. Tatsächlich. Ich weiß nicht wieso, aber danach fanden wir die richtigen Leuchten im allerletzten Supermarkt, stiefelten wir los – wobei Ralf nur aus altem Reflex die Hand raushielt wie früher als Tramper – und eine junge Frau hielt an mit ihrem kleinen Auto, räumte ein wenig Kram und Krempel um und um; so dass die Sitze halbwegs frei wurden und bat uns herzlich zu sich herein. Wie sich herausstellte, lebt sie seit siebzehnJahren in

Souda – die Zeit unserer gemeinsamen Fahrt war leider zu knapp, um sie nach ihrer Geschichte zu befragen. Wir wollten uns auch nicht aufdringlich mit ihr zu verbrüdern suchen. Jedenfalls sprach sie deutsch, erzählte, dass sie sich damals in Plakias verliebt habe und geblieben sei. „Das kann ich gut verstehen", murmelte ich – und dann waren wir auch schon in Souda angekommen. Auf diese Weise blieb uns die Straße erspart, the long and winding road, und wir konnten gleich auf den schönen Weg am Wasser einschwenken, der majestätisch unter Gipfeln und hoch über versteckten Badebuchten nach „Hause" führt. Allerdings dauerte es trotzdem noch zwei Stunden, und danach fiel ich unter die Dusche, in die Badewanne – während Ralf uns beiden köstliche Spaghetti mit Tomaten-Zwiebel-Knoblauch-Paprika-Sauce kochte. Das Kochen freut ihn; es ist geradezu eine spirituelle Tat für ihn, sagt er. So saßen wir erlöst am dunklen Gartentisch; und wenn mir vorher jemand gesagt hätte, dass ich nach achtundvierzig Stunden schon wieder so einen Marsch unternehme, dann hätte ich es sicher nicht geglaubt beziehungsweise für möglich gehalten. Ist Paläochora mit seiner doppelten Bergübersteigung wirklich erst zwei Tage her?

Mir wird warm, ich ziehe mein Schlafshirt aus und sitze nun am Sekretär im himmelblauen Hemdchen mit der Aufschrift „Keep it simple". Oh ja. Wenn ich es denn kann... („Halt es einfach" ist auch einer der Slogans von AA!)

Achilles wird gar nicht mehr gefragt, der muss halt so mitlaufen und darf sich hinterher im Wasser, im Bett, barfuss ums Haus erholen. Auf dem Jakobsweg gehen sie schließlich auch jeden Tag viele, viele Kilometerchen.

Nebenan dröhnt eine Beton-Mischmaschine; Klopf- und Baugeräusche sind zu vernehmen. „Der Aufschwung!", kommentiert Ralf. Wie sehr ich den Griechen den Aufschwung gönne! Aber es ist auch nicht so, wie es von Deutschland aus wirkt, nicht so hoffnungslos oder deprimiert. Die Leute scheinen eher „ihrs" zu leben (wie ich das vom Osten her kenne; ich meine den Alltag in der DDR) und sich nicht nach den Maßstäben anderer Länder und deren Nachrichtenmeinungen zu richten. Ich weiß es nicht. Das Leben ist immer differenzierter als Journalistenverknappungen; das haben wir doch auch schon zu „Ostzeiten" gewusst, wenn Westreporter über uns berichteten... Und wieso sollten ausgerechnet wir in Germany wissen, wie andere Menschen zu leben, zu arbeiten haben?!!...

Ich rede Unsinn. Ich habe doch schon erkannt, dass alles differenziert und kompliziert ist; man bekommt es genauso wenig in den Griff wie die exakten Ursachen vom Alkoholismus. Einzelne Aspekte mögen sich einem erschließen; aber das ganze Bild kann man unmöglich erfassen als Erdling. Vielleicht später, auf der Wolke sitzend und feixend.

Heute möchte ich mal an den Strand und meinen Körper der Sonne entgegenhalten. Gestern waren wir noch so mit Ankommen, Einräumen, Frohlocken beschäftigt – jedenfalls so lange, bis wir zu unserem schon erwähnten „Gang" aufbrachen. Aufgrund der beschriebenen Ereignisse kamen wir auch nicht zum „Einditschen"; die Strecke musste ja bewältigt werden.

Ich fremdele ein wenig mit den Kajak-Leuten, die ich gestern schon wieder von hinten sah, wie sie den Strand enterten. „Wenn du unauffällig bleiben willst", sagte Ralf, „dann musst du dich anders anziehen." Ich trug

Orange und Gelb, das indische Ensemble aus dem Laden „Namasté" in Berlin-Neukölln; jedenfalls Hemd und Tuch, denn die Hose ist meine Schlafhose jetzt. Alle suchen einsame Urlaubsorte, wenn sie hierher kommen, und dann verbrüdern sie sich doch. Mir ist, als wiederholte ich mich abermals. Nun ja. Früher oder später erscheint dann der Vorschlag, einen Ouzo zu trinken oder einen Raki. Rührt daher mein fremdelndes Gefühl? Oder gehört es generell zu meinem Wesen? Nüchtern sind wir schüchtern. Ohne Alkohol ist alles anders.

Ein indischer Baumwollschleier beim Wandern ist eine gute Alternative zum rosa Strohhut aus Mallorca. Die Hitze staut sich nicht so darunter (unter dem selbst geknoteten Turban), das Material ist so fest gewebt, dass alles trotzdem hält und meinen kostbaren Kopf schützt. Ich brauche ihn ja ständig. *Das* war jetzt eine Offenbarung – meine Herren!

Wir denken nun alle beide, dass die Villa Braou doch die schönste Unterkunft von allen ist – auch wenn der Aufschwung uns die Baugeräusche am Vormittag beschert. Danke für das Hiersein-Dürfen. Auf in den Tag!

PS: Ich bin heute aufgewacht mit dem Lied „Carpe Diem – Nutze den Tag" im Gehirn. Ein inneres Orchester spielte die Melodie, ein Chor fiel ein. Es hat sich dann allerdings vermischt mit „Sag mir, wo du stehst", und ab einem gewissen Punkt konnte ich die beiden Texte, Melodien nicht mehr recht auseinander-halten...

PPS: Und WARUM erzeugt dieses fein geschliffene und polierte Möbelstück aus Olivenholz nun Kratz-

spuren? Auf meinem Tagebuch, das inzwischen hell-
blau ist, nicht dunkelgrün wie im vergangenen Jahr...

Ich suche die Arbeitsplatte ab und vermute: Es ist
Natur. Nicht allzu glatt gehobelt, sondern an manchen
Stellen auch einfach so gelassen, wie es war. Aber
eigentlich finde ich auf dieser Oberfläche nichts, das
kratzen könnte, ganz ehrlich...

### Dienstag, 2. Juni 2015 in Rodakino

„Du fängst den Wind niemals ein,
der Wind will nicht gefangen
sein..." Aus der Rubrik: Lieder, mit denen ich aufwache,
aus dem Repertoire meines inneren Orchesters, und die
mir vielleicht etwas vom Zustand meiner Seele
erzählen?!

Ich kam heute Nacht lange nicht in den Schlaf – und
als schließlich doch, da träumte ich von einer Zufalls-
begegnung mit einer früheren Studienkommilitonin, die
einen prominenten Vater hatte, und die ich einmal in
ihrem edlen Haus nahe Berlin besucht habe. Etwas
arbeitet in mir und lässt mich trotz – oder wegen? – der
Ruhe nicht zur Ruhe kommen. Die ist jetzt allerdings
vorbei, die eben noch zitierte Ruhe: Guten Morgen, ihr
Baugeräusche von gleich nebenan. Guten Morgen, liebe
nachbarliche Betonmischmaschine.

Gestern war einfach ein langer Strandtag. Ich las Celia
Fremlin, „Vaters Stolz" (Diogenes Verlag). Eines der
Bücher, die auf dem Sekretär in der Villa Braou für
mich bereit standen. Ralf las mein Manuskript „Eine
Katze auf einem toten Mann". Er lachte. Er weinte...

Er sagte, er habe nicht erwartet, dass es so gut sei. Die Journalistin habe sich endgültig verabschiedet, sagte er. Ich schriebe genial und mit unglaublichen Highlights. Er denke nicht, dass wir zwei das Buch verlegen sollten, so wäre es eventuell verschenkt. Er hofft auch auf die größere Reichweite eines vielleicht interessierten Verlages. Ich sei jedenfalls ganz **bei mir** geblieben, sagt er. Das schaffe Nähe und notwendige Distanz zugleich.

Ist es DAS, was mich nicht schlafen ließ? Oder ist es Pancha Sahita Teil 4, der reinigende yogische Atem, der ja auch immer Altes hochwirbelt und zum Vorschein bringt, um es sichtbar zu machen, zu „verdauen", „auszuscheiden", also loszulassen? Ist es der Vollmond? Sind es Ralfs Gefühle, die ich versuche, mitzuempfinden – und mich selbst dabei wieder einmal in undurchdringliche tiefste Tiefen zu unterdrücken...

*Du fängst den Wind niemals ein...*

Ja! Denn der Wind will nicht gefangen sein!!

Diese ehemalige Studienfreundin klingelte ich damals spät am Abend aus ihrem Bett. Ich hatte meinen Freund besucht, der seinen Dienst bei der NVA als Patrouillensoldat vor den Villen wichtiger DDR-Politiker und Kriegs-(Friedens?-)Herren tat. Es war nicht leicht, ihn abzupassen und einige Zeit mit ihm dieser Armee zu stehlen. Aber wir schafften es, immer mal wieder. Und dann vergaßen wir die Stunde, die letzte Bahn war lange fort; und er musste zurück in seine Kaserne. Wo aber sollte ich bleiben, über Nacht? Da fiel mir Ina ein und ihre Adresse dort im Nachbarort. Jung und unverblümt, wie ich war, bat ich um Asyl – und bekam es. Sie entkorkte erst mal eine Flasche Wein. Und so hockten wir ewig auf dem Fußboden ihres Zimmers und redeten, redeten. Wie immer über die gesellschaftliche Lage; aber ich glaube, auch über uns, über ihren berühmten Vater, den sie einen Erzeuger nannte und verklagte, damit er ihr Unterhalt zahle. Das war für mich eine völlig fremde Welt. Ich bewunderte sie aber insgeheim für ihre Wildheit, ihr Selbstbewusstsein, ihre Schönheit und Stärke. Ich hatte doch keine Ahnung, dass alles das auch in mir schlummerte und nur darauf wartete, von mir geweckt zu werden. Ich weiß noch, dass ich bei Ina bis fast zur Mittagsstunde schlief. Sie hatten Verdunkelungsjalousien, die sich elektrisch schließen ließen und mir die Nacht vorgaukelten. Solch schickes Interieur hatte ich noch nirgendwo gesehen. Später gab es Frühstück. Und da saßen wir zu dritt, ich nun ein wenig befangen, denn Inas Mutter war auch berühmt im Land. Zuerst zeigte sie sich ungehalten über den Besuch (mich), den ihre Tochter da so ungefragt herein gelassen hatte; aber dann wurde es noch ein vergnügliches Weiberstelldichein, soweit ich mich erinnere.

Wieso habe ich Jahrzehnte lang nicht an Ina gedacht – und dann träume ich urplötzlich von ihr; in einer kretischen Nacht mitten im Dorf, an der Seite meines Gefährten im Himmelbett? Das Leben ist und bleibt ein Mysterium, so sehr ich mich auch um Einsichten bemühe.

Für mich ist es nicht das Ende der Welt, wenn diese schöne Reise auch einmal zu Ende gehen wird. Ich freue mich auch auf Zuhause; auf mein herrliches, reiches Zuhause. Ich sage das, weil ein junger Besucher dies neulich konstatierte und sogleich bemerkt hatte. Reich und stark. Sagte er. Über diese Wohnung. Nein, über mich. Holla!

Wir werden wieder verreisen, so Gott will; und das Leben wird für mich nicht erst wieder mit eventuellen Enkel-Urlauben lebenswert (über die wir nun immer wieder phantasieren, seit da jemand auf dem Weg zu uns ist). Für Ralf auch nicht, ich weiß. Aber er prescht weit voran in seinen Vorstellungen von zukünftigem Großeltern-Glück – vielleicht, um der Tatsache auszuweichen, dass er doch wieder „*DORTHIN*" muss, wo sie ihm dieses Gehalt auszahlen, das für uns beide einen solchen Wert darstellt. Gott sei es getrommelt und gepfiffen. Danke an dieser Stelle. Ja, auch dafür.

Ich stecke also in meinem alten Konflikt, es jemandem, den ich liebe, rechtmachen zu wollen und mich dabei manchmal ein wenig selbst zu verleugnen. Ich werde mich und mein wahres Fühlen nicht verraten, damit ist niemandem gedient – und mir selber am allerwenigsten. Dass dies eine Traumreise ist, ein Urlaub, wie er nicht wiederkommt und wie er unvergesslicher nicht sein könnte, heißt nicht, dass ich nicht auch „unliebsame" Empfindungen haben darf. Sie sind einfach da, ich kann ja nichts dafür. Wir haben da eine schöne Zeit zusammen „kreiert", die kretischen Götter waren/sind ganz auf unserer Seite. Nun wissen wir beide: Rodakino ist unsere letzte Station; Berlin „greift" bereits wieder nach uns. (Das Töchting kündigt auch zwei sommerliche Chorkonzerte an; da gehen wir natürlich hin!!) Und ich jongliere im Kopf mit zukünftigen Terminen, die noch gar nicht „dran" sind. Ha! Von wegen, im „Heute" leben. George, unbekannter George aus Matala, hörst du? Ich bin mal wieder rausgefallen aus deiner, unserer Weisheit. Life is now. Tomorrow never comes. Na, wenigstens erinnere ich mich daran. Ein Fortschritt.

Ralf und ich, wir reagieren unterschiedlich auf das bevorstehende Ende dieser Reise, und – hey, Katrin! – das darf auch so sein. Du fängst den Wind niemals ein. Der Wind will nicht gefangen sein. Genau! Ich tue etwas Vernünftiges: Ich hole mir gleich Kaffee nach...

Es ist nicht einfach, in einer langen und inniglich die beiden Seelen ineinander verschlungenen Partnerschaft man selbst zu bleiben. Aber ich kann doch unterm Strich von mir sagen, dass ich erst zu mir selbst gefunden habe auf dem Boden dieser Liebe; dass meine besten weiblichen Eigenschaften erst aufblühen auf diesem Humus unserer gelebten Zweisamkeit.

So ist es. Für mich.

Oh! Gerade so, als hätte er hier mitgelesen, kommt Ralf herbei mit der Kaffeekanne und schenkt mir nach. Ich brauche mir mein Gebräu gar nicht selbständig nachzuholen. Vielen Dank auch.

Da lagen wir nun also gestern ausführlich in der Sonne, lasen, genossen das kühle, kühlende Meeressalzwasser und vertieften die Bräune auf unserer Haut; *ließen* sie uns vertiefen, was kann man da schon selbst machen! Wir sehen schon gut aus, so kaffeefarben eingedunkelt.

Ich erinnere mich an die Aussage einer früheren Freundin, wonach Wohlstandsbäuche und kleine Speckröllchen einfach besser aussehen, wenn sie gebräunt sind. Tja ...

Ich las diesen Psychoroman über die Mechanismen in einer Familie, in der sich die Hoffnungen nicht erfüllen, die in ein hochbegabtes Kind gesetzt wurden. Es geht um Schizophrenie und was das mit den Angehörigen macht. Es könnte genauso gut Alkoholismus sein, die Bilder gleichen sich. Ich denke an jenen Menschen, der jüngst am Telefon zu mir sagte, er liebe mich auch deshalb: „Wenn nur einer in meiner Familie so gehandelt hätte wie du, dann hätte ich nicht so lange gebraucht und es wäre nicht so schwer gewesen, zu mir selbst zu finden." Ich denke auch an Ralf und mich, das ist ja klar. Auch in diesem Roman bringt eine Mutter sich in Sicherheit, indem sie flüchtet, indem sie das kranke Familiensystem verlässt, komme, was da wolle, weil sie es einfach nicht mehr aushält, weil sie sich irgendwie wenigstens selbst retten will, wenn sie die anderen schon nicht retten kann. Ich konnte nicht aufhören zu lesen, bis ich „durch" war; bis ich das Happy End für diese angehörige Mutter kannte. Und – ach! – ich fühlte mich <u>klein</u> mit meinem Schreiben, im Vergleich...

Und nebenan, auf der anderen Strandliege, lag Ralf, lachte und weinte, zitierte Textstellen und fand mich <u>groß</u>artig mit meinem Manuskript. Tja...

*„Das bisschen, was ich lese, schreibt mir meine Frau",* geruht er manchmal im Scherz zu sagen. Hier stimmt es wirklich!

Es arbeitet in mir. Es arbeitet so vieles in mir!

Ich schlief dann doch noch, und ich stand um 9:30Uhr Ortszeit auf, eine Stunde später, als die Uhr zu Hause zeigt. Ich freue mich auf diesen Tag, an dem wir noch einmal nach Chania fahren wollen, den amerikanischen Freund in „seinem" Meeting unterstützen. Erfahrung, Kraft und Hoffnung teilen, auf Kreta und auf Englisch. Nächste Woche um diese Zeit sind wir ja schon fast auf dem Rückweg – nach Heraklion, nach Berlin. Da schaffen wir es nicht mehr in die Gruppe.

Im HEUTE bleiben! Im Jetzt. In diesem einen, einzigartigen Moment. Life is now, tomorrow never comes, says George in Matala. Yes!

Da kommt Ralf und sagt, „du hast so ein schönes Buch geschrieben. Ein großes, schönes Katrin-Buch. Da darf dir keiner drin herumrödeln. Nein!!" Ob wir es also am Ende <u>doch</u> wieder selber machen, mit BoD? Books on Demand?

Da sitzt er draußen, hat den Hof gefegt und liest nun meinen Text. Nein, ich schreibe nicht so wie Celia Fremlin oder wie Gisela Steineckert oder wie Julia Cameron und wie wer-weiß-auch-immer von denen, die ich so verehre und bewundere. Ich brauche mich nicht mit ihnen allen, mit anderen überhaupt zu vergleichen – so sehr ich sie auch schätzen mag! Ich schreibe – wie Katrin. Und Katrin bringt etwas Eigenes in die Welt, fügt es dem Leben auf ihre Weise hinzu. Das kann kein zweiter für mich so erledigen. Niemand. Kein Mensch. Auf Erden und auch sonstwo in der Matrix. Also trau dich, Katrin!

Jeder weiß um die Konflikte und Schwierigkeiten in Familien; ich bin nicht die, die das zuerst ausspricht, weiß GOTT nicht. Celia weiß es. Gisela weiß es. Julia und die anderen auch. Die alten Verleugnungsmechanismen arbeiten in mir, die, die es vor allem anderen rechtmachen wollen, sie in der Illusion von totaler Harmonie wiegen wollen. Mich selbst in dieser Illusion wiegen wollen! Eine Wunschvorstellung, die es im wirklichen Leben nicht gibt, die eine bodenlose Lüge ist – wie ich genau weiß. Wir haben ein Recht, unseres zu schreiben, auszusprechen, hat mir jemand bestätigt, den ich gerne mag, und der – was er da sagt – auch selber lebt. „Zuerst korrigieren sie dich. Dann lachen sie über dich. Dann bekämpfen sie dich. Dann gewinnst du", sagt Buddha. Wie das hilft! Wie das tröstet! Die Künstlerin ist zart und kann genauso erschüttert werden von positiven wie von ablehnenden, bösen Rückmeldungen.

Ich kämpfte heute Nacht mit der Wolldecke, die über den feinen Baumwoll-Laken mit der edlen Klöppel-spitze liegt. „Die ist schwer und böse", hörte ich mich im Halbschlaf laut sagen. Böse? Eine <u>böse</u> Wolldecke? Wo kam das her? Sie wollten mir einreden, ich sei nicht ganz dicht. Ralf erst hat mich „gesundgeliebt" – und dann meine „Herde", AA.

Ich ziehe heute den bunten Ascona-Rock an, den ich schon im letzten Jahr in Chania trug, und ich feiere mein stilles Fest mit den anderen Genesenden. Ich bin innerlich und äußerlich reich und frei – wie es im Tarot heißt. Ich bin ein erlöstes Hippie-Mädchen, das seine „Höhle" verlassen hat, um in der Welt den ihm ge-mäßen Platz doch noch zu finden. Und fröhlich ein-zunehmen. Und das sich ihnen zeigt!!

Tatsächlich: Im Urlaub wage ich das, was ich im Alltag vermeide: Ich mute mich Ralf zu. Auch des Nachts. Mit allen Gespenstern...


<u>**Mittwoch, 3. Juni 2015 in Rodakino**</u>

Eine magische Vollmondnacht und mein zweites Meeting hier auf Kreta in diesem Jahr. Das nächste – Insch´Allah – wird wieder in Berlin stattfinden, und auf Deutsch anstatt auf Englisch. Den Gelassenheitsspruch, Serenity Prayer, kann ich allerdings schon mitsprechen: *„God grant me the serenity to accept things I cannot change, the courage to change things I can – and the wisdom to* *know the difference."* So ist es kürzer als unser Gelassenheitsgebet auf Deutsch. Allmählich würde ich ins Englische hineinfinden; wie gesagt: Ich glaube, es ist mir auch durch die vielen Yoga-Texte aus dem Ashram im indischen Pondicherry so vertraut. Ich lerne eben – und lerne und lerne und lerne. Aber was dignity bedeutet, weiß ich immer noch nicht. Das Wort fiel letzte Woche in Chania im Meeting, und ich überlege: Heißt es Hingabe? Zu Hause nachschauen muss. Ich fühle, dass es ein wichtiger Begriff ist, für mich...

Gestern waren teilweise ganz neue Leute da; ein Paar aus Irland, eine durchreisende Dänin, deren Mann gestorben ist (mein Alptraum) und die zum ersten Mal allein verreist, ohne ihn. Ein weiterer amerikanischer Soldat – und ein junger Mann aus Wien, der auch in Salzburg war beim großen AA-Treffen dieses Jahr, und der demnächst weiterfährt nach Kroatien, wo es am kommenden Wochenende eine Convention von Drogensüchtigen gibt in Split. „Ist das ein HEUTE-Buch?", hatte er mich angesprochen auf das kleine violette Büchlein, das ich in meiner rechten Hand trug (mit der linken hielt ich Ralfs Rechte gefasst, wie immer, wenn wir zusammen spazieren gehen). Ich wollte es den Freunden zeigen, wie ihr „Daily Reflexions", aus dem sie immer vorlesen, bei uns zu Hause aussieht. So wies ich dem Wiener den Weg in die Gruppe – und er konnte seine Schüchternheit überwinden. Endlich trug mal eine meiner Aktionen Früchte! Quatsch, Katrin! Du kannst ja gar nicht wissen, wo, wann, welche und wie genau sie Früchte tragen. Manchmal erst sehr viel später und unbemerkt. Dennoch ist nichts umsonst, was du tust. Weißte Bescheid! Auf den AA-Aufkleber am Auto hat uns jedenfalls noch keiner angesprochen...

111

(Betonmischgeräusche im Hintergrund – und Ralfs gleichmäßiges Fegen der Terrasse, Besenstriche, einer nach dem anderen.)

...Hier stationierte Militärangehörige und/oder ihre Frauen. Touristen, jede Woche andere. Und nur ein Grieche. In seinem Heimatland muss er nun Englisch sprechen, um an einem AA-Meeting teilzuhaben. Wie gesagt, es ist das einzige Meeting auf der ganzen Insel; AA und Kreta scheinen noch (?) zu fremdeln. Liegt das an der Abneigung gegen alles Amerikanische? Wie „damals" bei uns auf dem Gebiet der früheren DDR, als wir nicht NOCH ein Sache vom Westen „übergestülpt" bekommen wollten, und als eine lange trockene AA-Freundin aus Neukölln zu mir sagte: „Im Osten müsst ihr es selber machen! Da kommen wir nicht so gut an..." Was geschieht mit Alkoholikern normalerweise auf Kreta? Werden sie weggeschlossen? Therapiert? Ich weiß nicht, wen ich fragen soll. Unsere Vermieterfamilie wüsste das sicher auch nicht, selbst wenn wir eine gemeinsame Sprache zum Verständigen hätten. Haben wir zwar trotzdem! Neben mir liegt einer dieser Gewürzkekse, die ich so gern mag. Maria hat sie wieder gebacken und mir gestern Abend spät – bei unserer Ankunft aus Chania und nach dieser magischen Nachtfahrt durch die Berge um Chora Sfakion – noch über den Zaun gereicht. Sie hatte extra auf ihrem Stuhl im Dunkeln auf uns gewartet. Diese Sprache ist die Sprache des Herzens. Detailfragen wie die oben gestellte kann man damit nicht erörtern. Tja.

(der Betonmischer schweigt vorübergehend)

Hatte ich eigentlich schon erwähnt, dass Vangelis kein Pilot werden kann; wegen der Sehstärke seiner Augen?! Es bleibt ihm das Bodenpersonal, eine Arbeit als

Mechaniker. Mutter und Oma sind natürlich froh, dass er „unten" bleibt anstatt in die Lüfte zu gehen, Tag für Tag. So ist das mit den Frauen. Wir wollen unsere Kinder in Sicherheit wissen und nicht bei riskanten Aktionen. Wo mag eigentlich gerade der Sohnemann sein, auf seiner Mopedtour nach Afrika? Wir hören nichts von ihm! (Baugeräusche)

Die junge Maria war in Brüssel im März, ist jetzt in Athen und will nach Strassbourg als Politikwissenschaftsstudentin. Sie klang glücklich am mir rasch hingereichten Telefon – und wenn ich es recht verstanden habe, dann hat sie sogar einen Freund. Mit welcher Geduld sie aus der Ferne immer noch für Übersetzungsdienste zur Verfügung steht! Das Töchting hätte längst protestiert – oder? Wenn es um das finanzielle, materielle Überleben der Familie ginge, vielleicht auch nicht. Ich weiß es nicht. Wir müssen es ja nicht üben, so wie unsere Gastgeber.

Ralf sagt, ich schreibe unaufdringlich und respektvoll über AA in meinem Buchmanuskript, das er gerade so voller Begeisterung liest. Das bedeutet mir viel, ist es doch ein Thema, über das ich immer wieder nachdenke. Manchmal habe ich versucht, ein persönliches Buch ohne Hinweis auf diese wichtigste lebensrettende Gemeinschaft zu schreiben, aber es gelingt nicht. Zu stark ist sie mit mir und meinem ganzen Schaffen, meinem Sein verbunden. Es gibt von mir **nur** nüchternes Schreiben! Kein einziges meiner Werke ist unter Alkohol entstanden. Das muss man sich mal vorstellen! Ohne AA hätte ich das niemals zuwege gebracht.

Mein Gefährte wird nicht müde, mir zu sagen, wie gelungen er die „Katze auf einem toten Mann" findet. Ich denke, ich konnte das nicht simulieren und faken oder willentlich herstellen. Es muss das Ergebnis eines Reifungsprozesses sein. Wenn ich selber mich verändere, dann tut es auch mein Schreiben, ganz automatisch und von selbst. Ich kann und muss es nicht kontrollieren; es geschieht oder es geschieht nicht.

Natürlich freue ich mich über Ralfs Reaktion, aber ich rechne immer noch mit einer Dämpfung seiner Begeisterung; einem eventuellen Qualitätsabfall in meinem Text, den er – natürlich! – bemerkt und auf das Strengste anmerken würde. Tja. Wir werden sehen. Wenn alles getan ist, was *ich* tun konnte, entscheiden die Götter. Ich bin gespannt!

So fuhren wir gestern also mittags nach Chania – um zwei Stunden später in den dortigen Markthallen ein Mittagessen einzunehmen, das den ganzen restlichen Tag über vollkommen ausreichte als Ernährung. Nach diesen echt kretischen Gerichten, die auch die Händler selbst genüsslich verzehrten, verspürten wir beide keinen Hunger mehr, bis in den Schlaf. Nicht einmal Appetit!! Ralf aß Würstchen in Tomate auf Pita-Brot und dazu Rote Beete mit grob geschnittenen Zwiebeln. Ich nahm Okras in Tomaten-Olivenölsauce mit reisgefüllten Riesentomaten. Reis in Minze und tausenderlei Gewürzspezereien. Es gab dickes, flauschiges Weißbrot dazu – und zum Kosten auch noch eine Avocado-Knoblauch-Olivenöl-Creme. Herrlich! Köstlich!! Der Chef dieses Marktstandes und seine beiden Köchinnen (der Ähnlichkeit nach zu urteilen, war die eine davon seine Mutter) aßen das Gleiche wie wir. Vertrauenerweckend! Ralf (der soeben tatsächlich beim Nachbarn war, die Baustelle angucken und mich „verteidigen") erstand zwei Tischdecken aus Papier, auf denen ein Grundriss der Insel zu sehen ist. Zu Hause werden wir sie nutzen, wenn wir Interessierten unsere Reiseberichte abliefern. Als wir dem Marktstand-Chef auf eben so einer von unserem fettigen, üppigen Mahl bekleckerten Kreta-Landkarte die Stationen unserer Rundreise mit dem Finger nachzeichneten, zeigte er uns sogleich zwei, drei Stellen, die NOCH wunderschöner sind – und die wir nun leider definitiv verpasst hätten. Zum Beweis zog er sein Gesicht in traurige Falten und wiegte sein Haupt fassungslos hin und her. Man wird nicht gelobt für die Anstrengungen und die Leistung, so viel besichtigt zu haben. Man wird immer noch auf Versäumnisse und „Fehler" hingewiesen. Tja. Wahrscheinlich bräuchten wir zwei Monate – mindestens! – und nicht bloß zwei Wochen, um dieser Insel der Götter halbwegs gerecht zu werden. Und dann käme wohl immer noch ein Wirt in einer Taverne, eine Inhaberin eines Ladens oder dieser Mann im Markt von Chania, die sorgenvoll ihren Kopf schütteln würden und den Zeigefinger auf irgendein Paradies legen, das wir wieder nicht gesehen haben. Wenn man sich auch noch ein bisschen erholen will – und nicht nur im Auto sitzen, umherhetzen – dann muss man klug auswählen.

Spandha – Nispandha. Genau.

Der Nachbar hat wirklich aufgehört zu lärmen! Ralf tat es leid, dass ich beim Schreiben gestört wurde – und er hat freundlich gehandelt. Das ist Liebe. Danke aufs Neue für so einen Mann.

Um das reichhaltige Essen wenigstens halbwegs zu verdauen, tranken wir extra starken doppelten Espresso (mit einem Stückchen Schokolade dazu, das ich nicht verschweigen will) und lustwandelten ein wenig durch die Altstadt, bis die Füße schmerzten und es Zeit fürs Meeting wurde. Den EINEN Laden, in dem ich letztes

Jahr mein weißes Tuch mit den großen purpurfarbenen Blumen darauf fand – es wehte mir damals ja entgegen! – den sahen wir nicht. Vielleicht ist er inzwischen geschlossen worden. Seine Visitenkarte klebt ja auch sicher im dunkelgrünen Tagebuch von 2014. Da klebt sie gut! In meinem Regal zu Hause in meiner Berliner Schreibwerkstatt. Okay. Es gibt Schlimmeres...

An Tüchern, Stöffchen herrscht kein Mangel! Es herrscht generell und überhaupt kein Mangel an irgendetwas! Ich muss es eben nur (NUR!!) glauben. Auch dazu dient so eine Reise; um sich im Vertrauen zu üben. Das ist mir vollkommen und total bewusst. Danke für die Einsicht.

(Nach einer Pause der Stille geht der Betonmischer wieder an. Muss ja. Der Nachbar muss mit seiner Arbeit ja auch vorankommen, nicht nur ich mit meiner!)

...Und dann geschah es: Auf der Rückfahrt ging ein solcher Vollmond direkt vor uns auf, dass wir anhielten, das Auto wie den Atem. Wir mussten ihn bewundern, fotografieren, obwohl wir genau wissen, dass solche Fotos nie die Stimmung solcher Augenblicke wiedergeben. Das können sie nicht. Dieser Mond schaute auf uns und sagte Ja. „Schaut mal", sagte er auch noch. Es wurde eine Nacht wie um einen Werwolfroman zu ersinnen. Je höher er stieg, desto kleiner erschien uns natürlich das golden strahlende Mondgesicht. Aber damit wir ihn nicht vergessen konnten, spiegelte er sich wundersam im Meer. Und als wir uns in Serpentinen vom Berg herunter schraubten, verstummten wir ganz ob der Einzigartigkeit dieser breiten silbernen Spur auf dem Wasser. (Jetzt weiß ich auch, warum ich meinen Silberstift mitgenommen habe; normalerweise wird er ja eher nicht gebraucht. Aber jetzt! Wegen dieser einen, einzigen, aber wesentlichen Unterstreichung unter der Wortgruppe „silbernen Spur"!)

Wie verzaubert fuhren wir durch diese Nacht – und es wuchs uns kein Fell, wir fingen <u>nicht</u> an zu heulen. Es wuchs uns etwas anderes zu – für das ich keine Worte habe.

Ralf wollte schon wieder heiraten. Mich. Natürlich.

Gott und dem Vollmond sei Dank.

PS: Keine Tagebuch-Kratzspuren dieses Mal. Stammten sie am Ende gar nicht von jenem Sekretär hier in der Villa Braou? So ist das Leben! Man kann sich nie ganz sicher sein bei der Ausforschung von Ursachen.

## Donnerstag, 4. Juni 2015 in Rodakino

Anna kam gestern zum Putzen und hat die Baugeräusche angemahnt; sich bei uns ohne Worte gestenreich dafür entschuldigt. Ich weiß nicht, ob sie etwas unternommen hat und falls ja, was. Was sollte der Nachbar auch tun – mit so einer angefangenen Baustelle?! Vielleicht wird es ein Ferienhaus wie die Villa Braou; Anna weiß es nicht. Wir nehmen das jetzt alles hin; was sollen wir auch sonst tun?! Es sind ja unsere letzten Urlaubstage auf Kreta für dieses Jahr – die wollen wir genießen anstatt sie uns zu vermiesen. Und so überließen wir schließlich Anna ihren Putzaktionen, packten unsere Sachen und fuhren zum Kournas Lake, dem einzigen Süßwassersee Kretas – fast genau auf der gegenüber liegenden Nord-

117

seite der Insel, inmitten von Bergen, oberhalb der Almiros Bay.

Er ist sehr wundervoll – wie so vieles hier, dieser See. Wir wollten ihn gleich instinktiv umrunden, spazierend, natürlich. Aber wir kamen nur bis zu einem seltsamen Gehöft etwa auf halber Strecke. Ein Zaun bis hoch in den Wald und bis hinunter zum Wasser stoppte uns, es gab einfach kein Durchkommen. Auf Bergsteigerei hatten wir keine Lust und waren wir auch nicht ausgerüstet. So trabten wir eben zurück, versuchten es in die andere Richtung. Dort stellte sich aber heraus, dass die winterlichen Regenfälle Wanderwege überspült hatten; die liegen jetzt im Wasser – unter Wasser, um genau zu sein. Als Alternative hätten wir wie so viele andere (vor allem Russisch sprechende Menschen) ein Tretboot mieten können und auf dem See herum schippern. Wir entschieden uns statt dessen für eine schattige Familientaverne und nahmen gleich unser Mittagessen dort ein: Souvlaki (Hühnchen am Spieß), Pommes, für Ralf reisgefüllte Tomaten; und für uns beide Greek Salad, zum Abschluß Greek Kaffee. Ich geriet dort, in kühler Sommerwärme, mit Blick auf NAUTICgrüne Wellen (genau die Farbe, die früher mein Opelchen hatte!) in einen total entrückten Zustand. Mich störte gar nichts mehr – und wäre ich so geblieben, dann hätte ich gleich HIER und JETZT ins Nirvana aufsteigen beziehungsweise eintauchen können. Alles war so leicht und schwebend, entspannend. Die Droge hieß „Natur". Von Zeit zu Zeit erschien ein Fischreiher, ein blütenweißer(!), der sich aus einem Schwarm winziger Fischlein frei „bediente". Ganz nach dem Zufallsprinzip stoben die Überlebenden auseinander, wurden die Delinquenten ausgewählt und blitzeschnelle ver-

118

speist. Aus der Sicht der Fische könnte sich die Frage gestellt haben: Warum er, mein Freund und Nachbar; warum – um alles in der Welt – nicht ich? So, wie sich manche in AA fragen: Warum darf ich trocken und nüchtern sein, während mein Freund, mein Nachbar elendiglich am Suff verrecken muss? „It´s just the way it is", sagte der Ire am Dienstag im Meeting. Es ist, wie es ist. Wir finden keine Antwort auf diese Frage – genauso wenig wie die Fischlein, die am Leben bleiben und nach kurzem Schreck wieder zusammenschwärmen, sich im frischen Wasser tummeln, bis der hungrige Vogel erneut herbei stakst, um seine Beute zu picken wie in einem Selbstbedienungsladen. Wir sahen zu an unserem Terrassentisch und wurden immer ruhiger, als hätte uns jemand ein Sedativum ins Essen getan. Suchten wir nach einem Kick, um wieder wach zu werden? Jedenfalls fuhren wir nach letzten bewundernden Blicken zurück auf den See, den See, der anmutet wie aus einem amerikanischen Heimatfilm in den Rocky Mountains – nur, dass hier auch noch das Meer in Sichtweite ist, das Meer, oh dieses herrliche Meer – (wie hatte dieser Satz doch gleich begonnen?) nach Rethymnon, für mich die schönste Stadt der Insel, aber auch die gefährlichste...

Wir nähern uns einem Thema, das mich nicht nur wach machte, sondern große Teile der Nacht auch nicht recht einschlafen ließ. Wie so viele Nächte aus demselben Wachmachgrund zuvor. (Der Betonmischer von nebenan rumpelt sein ewiges Lied dazu.) Wie soll ich es sagen?! Ich feiere mich innerlich für Sparsamkeit und Bescheidenheit; manchmal rechne ich auch aus, im Kopf – so ungefähr – wie viel wir unseren Konten gewonnen haben, weil wir mal selbst etwas kochten

119

anstatt in eine Taverne zu verschwinden. Dann fühle ich mich gut. Alles richtig gemacht, Katrin, zolle ich mir dann selbst ein Lob und breite mich in mir wohlgefällig aus. Was jedoch geschieht, wenn der Sparfuchs in mir von der – wie soll ich das sagen?... – reichen und verschwenderischen (ist DAS schon Verschwendung? Wirklich?) Katrin verdrängt wird, unterstützt von einem liebenden Mann, der sowieso – in Wort und Tat – meint, dass Geld fließen muss? Und warum gehe ich denn mit ihm in diesen Laden, den ich schon vom letzten Jahr her kenne, und in dem sie irgendwann heimlich meine Maße genommen haben müssen, vor sehr langer Zeit, als ich schlief oder von ihnen zu diesem Behufe absichtlich betäubt worden bin, jedenfalls weiß ich nichts davon; damit sie immer neue Kreationen aus indischem Textil herstellen können, die NUR MIR passen... Warum tun sie das, um alles in der Welt?

Ich möchte nicht darüber schreiben – nein, noch nicht. Das alte schlechte Gewissen schlägt mir noch zu stark. Die drei Teile sind wunderschön; gleich werde ich sie rituell einmal durchwaschen. Ralf sagt – zu Recht – für den Gesamtpreis kaufen sich andere nur *ein* Stück; oder sie buchen sich einen Ausflug nach Knossos oder updaten ihr Smartphone. Ja, ja, ja, ja! Alles richtig. Außer dieser einen Type in meiner eigenen Haut, die sich selbst partout quälen möchte. Materielles und Spirituelles gehören zusammen; es ist nicht gesagt, dass nur Askese zum Allerhöchsten führt. „Ist es nicht eine spirituelle Übung, auf etwas zu verzichten?", fragte ich Ralf bänglich im Auto, die neuen HERRLICHEN Kleidchen in einer frühlingsgrünen Tüte auf dem Schoß, immer wieder einmal hinein fassend und sie ergriffen streichelnd, die weichen, unvergleichlichen Gewebe.

Ralf ist manchmal mein Guru und weiß instinktiv erhellende Antworten. So auch dieses Mal.

„Ja", sagte er, mir zustimmend, „es ist eine spirituelle Übung, auf etwas zu verzichten. Aber nicht auf DAS! (mit einigem Nachdruck) Da haben sich indische Frauen, Mädchen, Mühe gegeben mit den Schnitten, den Stoffdrucken, den rechten Abmaßen... Und diese Kleidung passt zu dir, sie gefällt dir. Du kannst sie dir leisten. Also verzichte ruhig – auf alles andere; auf ein Auto, wenn du willst. Aber nicht darauf." Er hat mir, sagt er, alles zur Hochzeit gekauft und geschenkt. Zwei Tuniken und ein Kleidchen mit gesmokter Taille (ich hätte nie gedacht, dass mir DAS steht... – aber ich sehe really umwerfend darin aus!!). Und eine kleine bunte Eule an einer langen Silberkette (= zweiter Einsatz meines dies unterstreichenden Silberstiftes in diesen Tagen), mit der ich sprechen, die ich um Rat fragen kann wie die Eulen auf des Töchtings selbst genähter Schlafbrille. „Freu dich doch an diesem Mann", hat die Kettenule zu mir gesagt, als ich mit flehendem Blick in den roten Himmel über Rethymnon schaute, kurz nachdem die Sonne untergegangen war und ein umtriebiges Nachtleben seinen Anfang nahm, mit live-Musik aus edlen Bars am Pool – und Menschenmassen, die in die Souks, die orientalischen Gassen, nur so strömten. „Freu dich an diesem Mann", sagte also die Eule auf meiner Brust. „Er ist sowieso das Wichtigste; ihr als Team seid es! Dass ihr in Liebe und Gesundheit zusammen seid und an die ganze Welt abgebt, ausstrahlt... Was zählt da der eine oder andere vielleicht – oder auch nicht – zuviel ausgegebene Euro?!!" Das sagte sie also, die weise Schwester, wenn ich sie richtig verstanden habe dort an der Küste, während mein Gefährte im Supermarkt etwas zu trinken holte. Ich höre das eine und das andere. In mir wirken Konflikte aus ich-weiß-nicht-welchen Zeiten. Das Armutsbewußtsein ringt mit dem Fülledenken.

*Da gehen Risse durch dich hindurch.*

Wohl wahr. Wohl wahr.

Ich hatte auch schon zwei Kerzlein angezündet in jener Kirche, wo vor einem Jahr noch das AA-Meeting stattgefunden hatte, zum Zeichen meiner Dankbarkeit (und Ralfs!) – dafür, dass es uns so gut geht. „Unverschämt" gut, habe ich eben schreiben wollen. Aber wieso „unverschämt"? Das ist auch so eine überkommene Floskel, die von einer Haltung zeugt, die ich zu überwinden suche: Ständig musste man sich wegen irgendetwas schämen. Pfui, pfui, schäm dich, alle Leute seh'n dich. Ja, schämst du dich denn gar nicht? Nö. Wofür denn auch! Für schieres Menschsein. Ich denke ja gar nicht mehr daran.

Ach ja: Für „Ziepy Mac Ziep" fanden wir ein hellblaues(?) Strampelhöschen mit der Aufschrift: „Somebody who loves me very much brought me this from Crete". Jemand, der mich sehr liebhat, brachte mir das von Kreta mit. Nun bekommt er oder sie ein T-Shirt aus Salzburg in rosa – und diesen winzigen Overall in bleu. Für jeden Ankömmling sollte also etwas dabei sein. Hey, du bekommst eine Mode-Oma, mein Schatz! Jeya ist ein Fashion-Victim – aber nur für ganz spezielle Sachen. Keep the old handcraft alive – okay. Wir haben es wieder getan – und an uns soll es auch 2015 nicht liegen, ob die alten Handwerke am Leben bleiben. In mir ist auf einmal unbändige Freude. Lange genug unterdrückt durch alte Bedenken. Na, dann weiß ich ja, was zu tun ist: Lass sie raus, die Freude! Wozu sonst sollte ich hier sein, auf Kreta, auf Erden.

Ralf sitzt draußen und liest die „Katze auf dem toten Mann", er kann gar nicht aufhören damit; er liest und liest und hat mich auch deswegen so reich beschenkt, weil ich ein so schönes Buch geschrieben und meinerseits *ihn* damit so reich beschenkt habe, sagt er. Er bat schon um die Erlaubnis, es von sich aus Verlagen anzubieten, falls ihm welche einfallen.

„Du brauchst einen Verlag", sagte er. „Das Kreta-Tagebuch, das machen wir zusammen, das ist kein Ding (er lacht – gleich muss ich bohren und wissen, worüber; über welche meiner Textstellen...). Aber dieses hier darf nicht verschenkt werden. Das muss sich verbreiten."

KEIN QUALITÄTSABFALL! Er liebt es. Danke.

(Was sind dagegen Baugeräusche!!!)

Auf unserer Heimfahrt von Rethymnon grüßte uns wieder dieser volle Mond. Er scheint nicht abnehmen zu wollen in diesen Junitagen. Auch dieses Mal nickte er uns zu und spiegelte sich fast wie zur Bekräftigung seines Nickens im Wasser vor Plakias. Wir hielten den Panda an und ließen das Schauspiel erneut auf uns wirken. Es ist unbeschreiblich schön – und dieser Eindruck muss schweigend genossen werden. Er schwindet in seinem Glanz, wenn ich versuche, darüber zu sprechen. Die Wirkung droht zu verwehen.

Gewaschen und in die Sonne gehängt, zwei Blumen(kinder)-Teile! Insch´Allah werden sie trocken, und ich kann sie heute abwechselnd anziehen. Ich brenne darauf!

Es hat sehr gestürmt in der Nacht, aber nun ist es wieder (Ralf lacht erneut über meinem Manuskript, und ich muss unbedingt die Passage wissen. Noch immer kein Qualitätsabfall!) warm und Sommer und schön wie all diese Tage, Wochen hier auf Kreta. Auch nicht selbstverständlich, so anhaltend gutes Wetter. Danke.

PS: Mein Blick fällt auf die Zehensandalen aus Heraklion (eigentlich Chania; sie werden nur auch dort verkauft), die so gut zu indischen und Flatterstöffchen passen. Rechts ein kompletter Fuß- und Zehenabdruck von mir, links NICHT! Ich trete rechts offenbar schwerer auf; dort, wo Achilles ist – und meine männliche Seite...

Verantwortung übernehmen. Für mich. Für meine Gefühle und Entscheidungen. Das ist „männlich". Und ich habe es in letzter Zeit von zwei maßgeblichen Männern gehört – an meine Adresse gerichtet; von Ralf (in bezug auf diese Reise) und von einem der Peters in meinem Leben, in Bezug auf „alte" Kindheitssachen:

Wenn ich Verantwortung übernehme, dann brauche ich keine Schuldigen mehr. So etwa drückten sie sich aus. Sprach da Gott durch Menschen zu mir? Kann schon sein. Also prophylaktisch: Danke.

PPS: Auch die junge Frau, die in Rethymnon „Dream Fashion" verkauft – und Gott weiß, wie sehr diese Bezeichnung wahr ist – erzählte uns aus dem Stand, welche herrlichen Orte auf Kreta wir alle noch nicht gesehen und bereist haben. Es hilft nichts: Diese Insel ist einfach größer und schöner als all unser klägliches Bemühen. Immerhin: Wir bemühen uns!

## Freitag, 5. Juni 2015 in Rodakino

Bevor wir gestern zum Strand aufbrachen, besichtigten wir diese Baustelle gleich nebenan. Ralf hätte am liebsten mitgebaut. Und die vier stolzen Jungs (von denen einer wie ein Bruder eines ehemaligen Freundes aussieht) hätten ihn bestimmt auch mitmachen lassen, so wie sie ihn anlächelten. Er aber gab nur ein bisschen mit seiner Frau an, im neuen kniefreien Blumenkleid aus Rethymnon (und nicht in Schwarz wie die Frauen meines Alters hier); und alle zeigten mir ihr Projekt. Ein dreihundert Jahre altes Gemäuer, das, wenn ich es richtig verstanden habe, für die Familie neu ausgebaut und hergerichtet wird. Also doch offenbar kein weiteres Feriendomizil für Gäste, Individualtouristen. Uraltes Gebälk, gemauerte Bögen, gekalkte dicke Wände als Schutz gegen die Hitze. Das Haus erinnerte mich ein wenig an jenes von Freunden in Österreich, die es fertig gebracht haben, ein Bauernhaus in Einzelteilen abzutragen und an einem anderen Ort Stück für Stück wieder zu errichten. Solche Ahnenkreationen wieder zu Leben zu erwecken – also, meinen Respekt haben die Männer! Sie strahlten bei ihrer „Jungs"-Arbeit über alle Backen. Ja, ich bin mir sicher: Ralf hätte seine helle Freude daran, und wäre ich nicht an seiner Seite, würde er schon längst auf diesem Gerüst stehen oder am Betonmischer. Oder Balken schleppen, abspachteln, anstreichen. Was weiß ich.

So aber dackelte er mit mir zum Strand und sprach mir von verstohlenen Blicken auf meine schöne Gestalt (mag ich das wirklich – so taxiert zu werden? Bewundert, sollte ich wohl denken anstatt des abfälligen Wortes „taxiert"...). Instinktiv weiß er, dass man sich kennenlernen muss, um nicht im Frust zu enden, auf Lärm und Geräusche, den, die andere menschliche Wesen erzeugen.

Am Strand aalten wir uns in Sonne, Steinsand und im herrlich glatten, kühlen blauen Wasser. Ralf schleppte sogar eine Art Fahnenstange mit Betonfuß(!) an Land, die Überreste eines Sonnenschirmes; ein mühsames Strandgut – wahrscheinlich sein Ausgleich für die entgangene Bautätigkeit. Jungs müssen „spielen"; müssen ihre Manneskraft spüren. Je länger ich lebe, um so mehr Spaß habe ich daran, die anderen für ihr Anderssein zu lieben und mich an den „kleinen" Unterschieden zu erfreuen.

Die Kajak-Leute saßen zechend in der Bar, mit anderen als uns. Der Alkohol schafft manchmal auch eine segensreiche Ordnung: Er trennt die einen von den anderen, zum Wohle aller. Ich bin für Menschen, die solche Art der Zerstreuung suchen, eine Spaßbremse, ich weiß das so genau, weil ich es auch genau andersherum kenne und mich daran erinnere! Heute stehe ich auf der anderen Seite, und so lassen sie die Finger von mir. Ich bin erleichtert, weil ich nicht „gefallen" muss, mich nicht so wie früher verbiegen, um „dazuzugehören"; so zu sein wie all die anderen – vor allem wie das trinkende Volk. Ich war nie so, von Anfang an nicht. Welch sinnloses Unterfangen, mich auf jede erdenkliche Art anzubiedern und selbst damit zu verraten. Wenn ich mich und meine Geschichte ansehe, dann denke ich, es gibt vielleicht wirklich Menschen (wie mich), die auf die Erde kommen und nicht dazu bestimmt sind, sich wegzubeamen. Tun sie es doch, werden sie sehr krank (so wie ich). Können sie genesen, folgt die Selbsterkenntnis, ein berichtigter Weg – wenn alles gut geht (wie bei mir, bis heute jedenfalls). Es geschieht immer nur für HEUTE. Und ich werde nicht aufhören, dafür Danke zu sagen. Meine Trockenheit/ Nüchternheit „is the most important thing in my life", sage ich im Meeting auf Kreta, sage ich im Meeting in Berlin, dann auf deutsch. Und ich meine es auch so; absolut und ohne Abstriche. Ralf versteht und zieht mit, welch ein Glücksfall mit uns beiden! Schon wieder „Danke!" an einem neuen Morgen – dafür. Und so saßen wir auf unseren Liegen, plantschten, Ralf las mein Buch weiter. Er ist noch immer begeistert davon und „weiß" sicher, dass es einen Verlag braucht. Aber nicht irgendeinen! Jemand Weisen, Lebenserfahrenen; einen einfühlsamen Verleger. Wenn meine Zeit reif ist, dann wird es geschehen. Wenn meine bisherigen Erfahrungen mich eins gelehrt haben, dann, dass ich nichts erzwingen kann, kein mir genehmes Ergebnis. Weder durch Fleiß noch durch Werbung oder durch sonstige Anstrengungen. Anstrengung, Disziplin sind nicht falsch; ich sitze ja auch jetzt am Schreibtisch, obwohl ich Urlaub habe – und nicht in den Höhlen von Matala und lasse mein Leben an mir vorüberziehen. Das machen die Hippies von damals ja auch nicht; ich weiß, ich weiß. Längst sind sie brave Bürger mit Häuschen und so; es wäre wirklich mal interessant, diesem bevorstehenden Wiedersehen beizuwohnen, in einer Woche an Ort und Stelle. Jedoch... Wir sind selber brave steuerzahlende Bürger und müssen, wollen wieder nach Hause zurück. Also: Anstrengung ist gut; Kleben an einem bestimmten Ergebnis ist nicht gut. Man erreicht es nie. „Life is now", says George, „Tomorrow never comes". Yeah!

Heute wollen wir mal die gute alte Imbros-Schlucht mit unseren Füßen beehren; ich überlege bereits, ob das neue Flower-Power-Kleidchen sich zum Wandern eignet...

Ralf fegt die Terrasse und gießt Annas Blumen. Von nebenan ertönt fröhliches Pfeifen von einem der Bau-Jungs; vielleicht der mit der Ähnlichkeit zu meinem verflossenen Freund. Es ist ein unfassbarer Segen, so mit jemandem zusammenleben zu dürfen wie ich mit Ralf. In solcher Liebe. Manchmal möchte ich diesen ganzen Urlaubsfilm noch einmal zurückspulen, um alles aufs Neue von vorn zu genießen, mit weniger sinnlosem Sich-Sorgen und noch mehr Intensität. Ich habe mich ja auch <u>so</u> schon um glasklare, größtmögliche Bewusstheit bemüht; aber mit dem Wissen, dass wir durchaus immer einen Schlafplatz finden, dass das Geld reicht, dass keiner krank wird ...

Nein! Stopp! So gilt das nicht.

Leben heißt auch Risiko, heißt Unsicherheit, Nicht-Wissen. Heißt, bewusst ins Vertrauen hineinspringen – beherzt und mit „Schmackes", wie der Berliner sagt. So ist eine Reise immer auch eine Metapher fürs ganze Leben. Am Anfang bibbert man, ob auch alles gut geht (nee: **Ganz** am Anfang ist man total euphorisch – wenn man nicht gerade Katrin heißt!), dann grooved man sich so ein – und am Ende beklagt man die Versäumnisse; würde am liebsten alles noch einmal von vorn und <u>besser</u> machen. Tja. Ausnahmen bestätigen die Regel.

PS: Ha! Doch – endlich! – eine Kratzspur vorn auf meinem hellblauen Tagebuch Nummer 42. Sie stammt

128

von einem kleinen Astloch, einer winzigen Unregelmäßigkeit im ansonsten glatt polierten Olivenholz. Willkommen, Spur! Eine Spur, die zeigt, dass ich hier war, in Rodakino, auf Erden.

### Sonnabend, 6. Juni 2015 in Rodakino

Um elf Uhr aufgestanden, nach einer unruhigen Nacht, Dabei waren wir doch beide so schön ausgetobt!...

Mein Wunsch ist mir erfüllt worden: Wir wanderten die Imbros Gorge, meine Lieblingsschlucht, auch in diesem Jahr „up and down". Fingen unten an, machten oben Rast (uuuhhh, kalt und stürmisch!!) für ein Picknick und arbeiteten uns dann wieder nach unten, zum Meer hin durch, wo der übliche heiße Sommer herrschte und ich mich wieder entblättern konnte – soweit es der gute Ton erlaubt. Natürlich!

Es war einfach wundervoll. Achilles meldete sich nur im letzten Drittel des Weges – und war gleich besänftigt, als ich die dicken Wanderschuhe gegen leichte Zehensandalen tauschte; und erst recht, als ich ihn bei Fragokastello im Wasser kühlte und ein bisschen mit ihm paddelte, als wäre er kein Fuß, sondern eine Flosse. Das hast du also gern, Achilles! Okay, ich gebe es dir und quäle dich nicht unnötig. So kommunizieren wir miteinander – diese empfindliche Ferse und ich.

Spandha – Nispandha. Anspannung – Entspannung. Darin liegt die ganze Lebenskunst. Danke für die Einsicht. Und nun üben. Weiterüben. Denn das klügste

Einsehen nützt nichts, wenn man es nicht auch selber durch eigenes Tun belegt. Also!

Am „Fotopoint" der Imbros Schlucht, in diesem Felsgewölbe, wo wir auch 2014 schon Aufstellung nahmen für ein Bild, fotografierten wir uns gegenseitig mit einem asiatisch aussehenden holländischen Paar. „We are sponsors", sagte der Mann in Bezug auf Kreta und unser aller Hiersein. „Yes", sagte Ralf. „But it is the best way of sponsoring I know." Alle nickten wir. Da war er wieder, dieser Gedanke, den ein Freund im letzten Jahr schon aussprach – und der auch im Brecht´schen Gedicht der Teppichweber von Kujan-Bulak enthalten ist: Sie ehrten Lenin, indem sie sich nützten; *„und hatten ihn also verstanden".* Sie unterstützen die griechische Wirtschaft, indem sie (wir!) selbst eine herrliche Urlaubszeit haben. So ist allen gedient. Keiner wird zum Opfer. Keiner braucht sich dem anderen verpflichtet zu fühlen. Es ist ein Geben und ein Nehmen auf Augenhöhe. So wie in AA. Alles, was ich für die Gemeinschaft tue, das tue ich auch für mich. Es gibt keine Einbahnstraßen, und keines Menschen Würde wird verletzt.

Der Bau nebenan schreitet voran. Um elf Uhr „dürfen" sie rumpeln; sie können ja nichts dafür, dass wir so lange schlafen. Ich habe nun doch zwei dieser juckenden Mosquito-Stiche (Ha! Ich wollte „Mosquita" schreiben, wahrscheinlich, weil ich ein Mädchen bin – oder weil es eine weibliche Mücke gewesen ist, die mich stach?) an beiden Unterarmen, also jeweils einen auf jeder Seite. Ich fürchte mich, sie Ralf zu zeigen, seine Paranoia gegen kleine fiese, ihn unbemerkt und hinterrücks angreifende Tiere soll ja bitte nicht wieder ausbrechen!!

Auf jeden Fall haben wir alles richtig gemacht; immer unter dem Moskitonetz geschlafen, aufgepasst wie die Schießhunde, abends nicht zu lange draußen gesessen, gesprüht und gesalbt und getüpft. Ich sehe meinen Gefährten schon mit einer Fenistil-Tube hinter mir her rennen, egal, um was es geht. Seelenschmerz, Achillesferse, Pickel oder Beule – er klaubt aus dem Eisschrank das orangefarbene Behälterchen und benetzt die Stelle, die mir wehe tut.

Herz, Hirn oder Bein.

Gestern saßen wir nach dem Bad im Meer noch in der Taverne Orthi Ammos und aßen diesen leckeren, so würzigen, rußig gegrillten Fisch, den ich schon vom letzten Jahr her kenne. Wir trugen „volle Montur"! Da gab es keine Angriffsfläche für kleine gefräßige Mücken, männlich oder weiblich; nicht einen Zentimeter.

*(Auch die Teppichweber von Kujan-Bulak hatten es mit einer Mückenplage zu tun, die sie sogar fieberkrank machte und arbeitsunfähig. So setzten sie jenes gesammelte Geld, mit dem sie eine Lenin-Büste hatten kaufen wollen, ein, um Petroleum einzuholen, es auf die nahen Sümpfe zu gießen und sich so von den Stechinsekten zu befreien.)*

Nach dem Schwimmen fröstelten wir, so hatten wir alles angezogen, was wir mit uns führten. Windjacke, Jeans, Halstuch. Und ohnehin sah es nach einem Wetterwechsel aus. Die Aufsichtsdame am Ende der Imbros Schlucht hatte uns für heute sogar Starkregen prophezeit; im Moment scheint aber die Sonne, und es weht ein leichter Wind. Mal schauen, ob ein Unwetter sich noch einstellen mag. Wir nehmen es, wie es kommt. Luxus!

Eine – ich muss es so sagen – verfettete, resigniert wirkende, trostlose und extrem schweigsame Version vom rothaarigen George bediente uns. Was für ein krasser Unterschied zu dem wendigen, voller Neugier auf Englisch mit uns kommunizierenden Jungen von vor einem Jahr! Und er hat mich nicht erkannt. Kein Stück. Obwohl ich ihm sogar ein Buch geschickt hatte. Und er mir per E-Mail geantwortet, für das Päckchen gedankt hatte. Tja. Im letzten Juni war er noch so offen, fröhlich, schlank gewesen. Ich überlegte kurz, ob ich es forcieren sollte und entschied mich dann dagegen. Es war so wenig Funkeln in seinen Augen – hätte ein bemühter Dialog denn sehr viel mehr als Höflichkeit gebracht? Was erwartete ich überhaupt? Nein, das wollte ich alles nicht, und irgendein Instinkt sagte mir: Lass es sein. Lass es ruhen. Lass es, wie es ist. Lass es eben los. Du bist die Ältere, du kennst dich doch aus.

Was mag wohl geschehen sein, dass ein vierzehn-, fünfzehnjähriger Junge sich übers Jahr derart dramatisch verändert?... Schriftsteller sollen keine Antworten finden, sie sollen vor allem die richtigen Fragen stellen.

Also, George hat mich nicht erkannt, und gemischt mit der dräuenden Abschiedsstimmung versetzte mich das in eine leise Melancholie auf der Rückfahrt. (Oh Gott! Soeben wollte uns der Nachbar eine Flasche Wein über den Gartenzaun reichen, schenken, als Dankeschön für unsere Geduld mit seinem Bau!! Manchmal ist das Nein-Sagen schwerer als normal; für Ralf nicht so, für mich seltsamerweise sehr! Ich will und will und will den Leuten nicht wehtun, immer noch nicht. Lieber mir selbst, jaja. Ich will keine Gefühle verletzen und eine herzliche Geste nicht zurückweisen. Ich muss es aber tun, weil ich nicht wüsste, was ich mit

Alkohol in meiner Nähe anstellen soll; er hat da nichts zu suchen! Würden wir wenigstens eine Sprache sprechen, dann könnte ich es ihm erklären. Aber hülfe das eigentlich etwas?...)

*„Nun lass ich Wunsch und Willen setzen,*
*ein tiefes Wissen macht mich still:*
*Wie muss der sich selbst wehe tun,*
*der nie den andern wehtun will."*

Wie lange ist es her, dass einer, der mich erkannte, mir diesen Eugen-Roth-Spruch gab?

Er gilt immer noch.

Ralf sagte am Abend in der Küche, es sei unkompliziert gewesen mit mir auf der Tour. Man könne ohne Weiteres so ein „Jungsding" mit mir durchziehen. Unkompliziert. Das hatte ich nicht erwartet! Aufregend, originell, voller Esprit und Freude – das ja! Aber unkompliziert? Nö. Wirklich nicht. Habe ich auch noch nie über mich sagen gehört. Freut mich aber! Ehrlich.

Zu ihm sagte ich wahrheitsgemäß, dass ich es sehr anerkenne und durchaus bemerkt habe, wie aufmerksam er darauf bedacht war, mich nicht zu überfordern, sich selbst aber auch nicht unterzubuttern in dem, was er wollte. Mein Wohl und das Seine auf zartfühlende Weise zusammenzubringen, das sei ihm sehr gut gelungen, sagte ich. „Ja", nickte er versonnen. „Ein Tanz auf Messers Schneide." A ride on razor's edge, sagt Yoga; das ist der spirituelle Weg. Man kann jederzeit nach der einen oder anderen Seite ausgleiten, abrutschen, stürzen – und muss danach eben erneut in die Balance zurückfinden. So ist auch unsere Zweisamkeit ein spiritueller Weg. Mein Retreat, mein Satsang, meine Sadhana. Mein Üben und mein Unterricht in der Lebensschule. Ich finde darin alles, was ich zum Wachsen brauche. Danke.

PS: Dieses Nein zum Bau-Nachbarn ist so verflucht schwierig!!! Ralf ist da sorglos: „No, we don´t drink Alcohol, never ever." Fertig. Mit den Gefühlen wird der andere schon klarkommen. Er ist erwachsen. Ja! So ist es gesund. Ich wünschte mir für mich mehr davon. Bitte... Und mehr Leichtigkeit. Wenn DU schon mal bei der Katrin-Wunscherfüllung dabei bist, lieber Gott.

Mehr von meinem Sohn in meiner Haut. Aber ob der überhaupt noch so ist? Und wo mag er jetzt gerade sein? Auf seiner großen Mopedtour – schon in Afrika etwa? Gibraltar?

13:30Uhr Ortszeit:

Ralf ist einmal durch mein Manuskript „durch". Er hat <u>keinen Qualitätsabfall</u> feststellen können und sagt abschließend: „Du brauchst einen einfühlsamen Verleger."

<u>Wo</u> finde ich den? Findet er (sie?) mich?...


## <u>Sonntag, 7. Juni 2015 in Rodakino</u>

Die Insel-Runde ist **voll**! Gestern waren wir noch einmal in Matala (über Spili und Phaestos und so weiter) und kletterten über den Berg zum sensationellen Red Beach. Was für ein Erlebnis! Wandern und FKK-Baden, Sonnen am Traumstrand in einem. Zum Glück hatten wir unsere Wanderschuhe eingepackt; die steile Tour über glatte Steine ist zum Teil anspruchsvoller als die Imbros-Schlucht. Aber – wie sich die Anstrengung LOHNT!!! Am Ende erreicht man eine Bucht voller rötlich-feinen Sandes. Samtweicher Untergrund auch im klaren,

klaren Meerwasser. Und Stille, Romantik; vielfältige Figuren und Reliefs ringsum, die unbekannte Künstler in den offensichtlich leicht zu bearbeitenden Sandstein geschnitzt, gegraben haben. Man fühlt sich wie in einem Freiluft-Kunstmuseum, und Robinson Crusoe schlendert um die Ecke und schaut mürrisch. Er wollte doch lieber allein sein.

Ralf hatte sogleich einen großen Quader im Blick, den er bearbeiten würde, blieben wir länger hier. So lange wie Robinson vielleicht, auf seinem Eiland. Ich glaube es ihm auf der Stelle; ich weiß, auch mein Gefährte ist ein Künstler. Ich sehe es bildlich vor mir, wie er versunken diese Felsen formt. Aber wir müssen ja wieder fort; wir haben nur ein paar Stunden, insgesamt drei Tage noch. Berlin ist weiß Gott keine Schreckensvision für mich. Habe ich ja schon gesagt; ist immer noch so.

Ich heile. Hurra, ich heile! Achilles tolerierte das Klettern und Laufen durch die Flower-Power-Stadt.

Später aßen wir Greek Salad und Lamb Chops bei den „Zwei Brüdern" mitten in Matala. Dave, ein weiterer Gast mit aristokratischen Manieren und allerfeinstem Oxford-Englisch, schenkte uns gesegnetes Brot. Wir hatten ihn angelockt durch unser pures, sichtliches Genießen des guten Essens. „What will happen, if I eat this bread?", fragte ich ihn, als er es feierlich aus einer Serviette wickelte und vor mir ausbreitete, das heilige Gebäck. „You will enjoy it", sagte er und lachte. Selbstironischer Humor bei älteren Männern ist eine gute Gabe, stellte ich fest. Ob er Dave und seine Frau fotografieren solle, fragte Ralf wie zum Dank für das Brot. „No, no", wehrte der Bärtige in weiß ab. „We are through with fotos."

135

Er sah ein bißchen aus wie George auf seinem Bild am Hafen – jener George, der sagt: "Life is now. Tomorrow never comes." Eigentlich sahen gestern alle vorüberspazierenden Männer aus wie George. Offenbar ist seine Botschaft wesentlich für mich (Ha! Erzählt mir etwas Neues!!), und so verdeutlichte Gott durch Menschen mir das; indem er lauter ähnliche Gesichter über meinen Weg sandte. Ich habe es erkannt und verstanden. Danke auch.

Am Sonntag wird nebenan nicht gebaut, alles ist still. Ich habe es so genossen, noch einmal in Matala zu sein! Aber so sehr ich auch genieße und jeden einzelnen Schritt voll bewusst wahrnehme, so bewusst ich eben kann; ich vermag dennoch nichts festzuhalten. Alles geht vorüber und vorbei. Jeder Tag hier mit Ralf ist ein Juwel, eine Kostbarkeit für sich. Es reißt einfach nicht ab. Wir haben einander immer noch etwas zu sagen; wir tasten einander immer noch gern – oh so gern – mit Augen und Streichelfingern ab. Ich sah seine kräftige Schulterpartie und die langen, langen Arme nach links und nach rechts ausgebreitet aus den sanften Wellen ragen – und ich wusste: Mir ist ein Engel geschickt worden. Wenn das Licht günstig auf ihn fällt, dann sieht man – sehe *ich* – noch seine Schwingen. Er kann sie nicht vor mir verbergen, auch wenn er sich mit Menschenextremitäten zu tarnen versucht.

Ich fühle mich so sicher in meiner Liebe. Danke dafür, auch heute wieder (says Katrin).

Am Strand gestern gab es eine Szene: Nackter Vater blaffte seine etwa zehnjährige Tochter an – auf Schwäbisch. Oder Bayerisch? Österreichisch? „Jetzt hör endlich auf mit deinem Gebrumme! Den ganzen Tag summst du vor dich hin, ich kann´s nicht mehr hören!!"

136

Die Kleine, die bis dahin friedlich im Sand gebuddelt hatte, ihn geformt wie jene unbekannten Künstler den Stein rings um uns her, zuckte zusammen und senkte ihren blonden Kopf. Die Familie zog sich bald an, machte sich zum Fortgehen bereit. „Entschuldige", sagte im Aufbrechen das Mädchen mit einigem Trotz in ihrer Stimme. „Ich habe eben einen Ohrwurm." „Sie hat einen Ohrwurm", wiederholte die blasse Mutter ohne Kraft über die Schulter in Richtung ihres Mannes. Es war zu schwach für eine echte Verteidigung ihrer Tochter. Ja, ja, die Mütter helfen nie, dachte ein sehr viel jüngerer Teil meiner selbst. Das wird sie später alles ihren Therapeuten erzählen, dachte ein reiferer, wissender Teil meiner selbst – und hätte es am liebsten laut ausgesprochen, um die Kleine zu stärken.

So kamen sie in die Höhlen von Matala, die Hippies, um aus solchen Strukturen auszusteigen. Wozu muss ein pubertierendes Girl den ganzen Tag lang seinen nackten Vater ertragen – und dazu noch seine schlechte Laune?! Ich war ganz auf ihrer Seite, vielleicht hat sie es gespürt.

Ganz in die Gegenwart eintauchen, in diesen einen Moment. Das ist schon ein guter Rat und eine lohnende Dauerbrenner-Übung, für mich.

Nach vierzig Jahren scheint der weibliche Zyklus nun tatsächlich von mir genommen zu sein; dies ist mein erster Urlaub „ohne", seit ich vierzehn war. Die „Tage" scheinen versiegt zu sein. Ich bin froh und glücklich darüber; ich fühle mich vollkommen bereit für die geistig befruchtende Zeit der weisen Frau. Aber das ist schon so ein Thema! Zuerst konnte ich es kaum erwarten – im Alter des Mädchens gestern am Strand – dass „es" endlich beginnt. Zuletzt war es mir lästig, und ich sehnte den Augenblick herbei, wo die Natur es wieder von mir nimmt. Es scheint soweit zu sein, und ich danke.

Sollte jemand wie ich nicht ganz genau wissen, dass alles Höheren Prozessen unterworfen ist, und nicht meiner unzulänglichen, ohnehin nur eingebildeten Kontrolle obliegt?!

Das Heute währt ewig, steht auch im alten 24-Stunden-Buch von AA zum heutigen Datum. (Und wer heute das erste Glas stehen lässt, der wird es nie wieder anrühren, denn es ist immer heute.) Ich will auch aus diesem Heute wieder etwas Schönes machen (lassen), mit „meinem" Ralf. Bitte, danke, lieber Baum. Wie geht es dir eigentlich, so ohne uns, vorübergehend, liebe Eiche vor der Mosischstraße Nummer neun in Berlin-Baumschulenweg?...

PS: Auf dieser Seite klebt nun Ralfs Blume aus Matala, ich darf sie nur in diesem Tagebuch aufbewahren und sonst nirgendwo. Große Ehre! Da ist sie, in einem hellen Frühlingsgrün...

„Ola Kala" heißt „Alles ist gut". Kala = gut. Chronos heißt Zeit. Langsam lerne ich ein wenig Griechisch. Spricht sich auf jeden Fall gut und schallend über den Zaun: Ola Kala? (fragt Maria) Ola Kala, schmettere ich zurück. Und meine es so.

Anna entschuldigt sich tausend Mal für die Baugeräusche und kann doch gar nichts dafür. Sie ist untröstlich und ringt ihre fleißigen Hände, die einen Garten zaubern können, spinatgefülltes warmes Pita-Brot und die wundervollsten Quarktaschen zum Frühstück.

138

## Montag, 8. Juni 2015 in Rodakino

*„Leben einzeln und frei,*
*wie ein Baum und dabei*
*brüderlich wie ein Wald,*
*diese Sehnsucht ist alt.*
*Sie gibt uns Halt*
*in unserem Kampf*
*gegen die Dummheit,*
*den Hass, die Gewalt..."*

Was macht denn Hannes Wader mit seinem Song in meinem Kopf? Seit gestern schon spukt er darin herum.

Am „anderen" Strand (auch hier: Klettern über´n Berg) gegenüber vom Korakas Beach habe ich es Ralf vorgesungen. „Schöner Text", sagte er ernst. Seit gestern lässt er auch die Weltnachrichten wieder herein. Ein Champions League-Sieg. Ein Blitzeinschlag in Knossos, wo wir ja auch waren und darum einen besonderen Bezug zum Ereignis haben. Am 29. Mai traf es eine Gruppe russischer Touristen, die vor einem plötzlich hereinbrechenden Gewitter unter einer Platane (Pinie?) Schutz suchten. Ausgerechnet in diesen Baum schlug der Blitz ein. Verrückt! Einige von ihnen mussten sogar in ein Krankenhaus eingeliefert werden. Haben sie in der Schule nicht gelernt, dass man sich auf keinen Fall in so einem Moment unter Bäume stellen soll? Oder jedenfalls nicht unter x-beliebige. *„Vor Eichen sollst du weichen, Buchen sollst du suchen."* War es so?

Eine Stimme aus dem Universum sagt: *Die denken, sie können sich alles kaufen, reiche Russen.* Ich musste lachen. Auch Sicherheit! Sich kaufen! Ja, ja...

139

Der griechische Ministerpräsident Alexis Tsipras will sich jetzt um Geld an Putin wenden, um seine eigene Staatspleite zu verhindern. Ich sitze derweil im Paradies, deutsche Touristen prosten mir zu: „Auf Kreta!" – und ich sage: „Worauf auch sonst."

Allmählich genieße ich den Blues, in den ich rutsche; nehme den Tränenkloß wahr, der mich von innen aus meiner Kehle drückt. Was ist denn das? Ich freue mich doch auch auf unser schönes Zuhause in Berlin, auf mein Bett, und dass wir einander nicht mehr den Nachtschlaf so stören ...

„I love you", hat Anna gestern gesagt, als sie mit Pita vor uns stand, noch heiß, das Brot; in ein Tuch gewickelt und voll des duftenden Frischkäses, Spinats. Sie wollte schon wieder putzen. Nur mit Mühe, der üblichen Hand- und Fußsprache zuzüglich einiger Umarmungen konnten wir sie davon abhalten, sie davon überzeugen, dass es sich nicht lohnt, für die verbleibenden beiden Nächte. Sie liebt uns. Und Stavros liebt uns auch – und beide Marias und Vangelis – und das Hündchen Irma sowieso. Darum täte es ihr ja auch so leid, dass wir all diesen Baulärm hatten von nebenan. Mit telefonischer Übersetzungshilfe ihrer Tochter aus Athen machte sie uns das einmal mehr klar. Wir radebrechten zurück, dass alles gut sei – Ola Kala eben – und wir uns mit den Nachbarn sogar schon bekannt gemacht hätten, das Projekt ausgiebig bewundert und seine Flasche Wein leider abgelehnt, unter Schmerzen.

Diese Zuneigung von Herz zu Herz, sie ist weiß Gott keine Einbahnstraße. Also, putzen ließen wir Anna nicht. Die Pita aßen wir kalt am Abend, weil Ralf gerade Spiegeleier in der Pfanne gebraten hatte. Die Liebe zwischen uns allen ist echt und ein wirklicher Beitrag zur Rettung der Welt. Da würde auch der große Dichter Nikos Kazantzakis zustimmen, der anlässlich der Verleihung des Lenin-Weltfriedenspreises vor neunundfünfzig Jahren schon gesagt hat: *„Wenn wir nicht wollen, dass die Welt im Chaos versinkt, müssen wir die Liebe befreien, die im Herzen aller Menschen gefangen ist."*

In der kleinen Kirche von Rodakino zündeten wir zwei Kerzen an: Für „Ziepy", der/die unterwegs ist zu uns; für das Töchting und ihren Freund, für den Sohn und seine Freundin beziehungsweise auch für seinen Kumpel und diese abenteuerliche Mopedtour. *Die Eltern müssen für sich selber sorgen,* sagte die Stimme aus dem Universum. Ralf steckte einen Schein in den Kollekteschlitz dieser Miniatur-Basilika. Es gibt nur sechs Sitzplätze, lose aufgestellte Holzstühle in diesem festlich wirkenden Altarraum, der ganz fein nach Weihrauch duftete vom morgendlichen Gottesdienst. Die Gemeinde ist klein. Es sind vor allem die Alten in Dorf, die sonntags sich dort einstellen. Ralf hatte sie schon gesehen, als ich noch schlief. Der Gesang des Popen hatte ihn geweckt und angelockt (heute und jetzt ist es wieder der mobile Muezzin, der tönt, oben am Berg).

Auf einer Seite die Baustelle, auf der anderen das leuchtend weißgekalkte Gotteshaus. So ist das Leben. Weltliches und Göttliches. Mal wendet man sich dem einen, mal dem anderen zu.

Diese Kirche ist jedenfalls reich und liebevoll bemalt, mit Blumen geschmückt; man hält sich gern darin auf. Sie erzeugt Herzenswärme statt Kühle und Ehrfurcht. Sechs Stühle. Nur die Alten kommen noch. Maria war auch da, sagt Ralf. Sie habe ihn aber nicht bemerkt, er

141

hielt sich im Hintergrund, im Schatten draußen auf einer Bank. Wollte nicht aufdringlich sein.

Glauben die Jüngeren an nichts mehr? Oder gehen sie dafür bloß nicht in eine Kirche, so wie ich?

Das Wetter sah trübe aus, so dass wir ein bisschen wandern wollten, unten am Korakas Beach nach rechts, in die andere Richtung als nach Plakias, und dann mal sehen. Da waren wir in diesem Jahr noch gar nicht gewesen! Unterwegs klarte es auf, die Leute tummelten sich an den Stränden – keine Spur mehr vom regnerischen, wolkigen Klima. Wir fanden den Kletterweg über den Berg (nicht so anspruchsvoll wie in Matala zum Red Beach) und blieben spontan am Strand auf der anderen Seite, der so einladend seine Arme ausbreitete für uns. Im Wasser liegen hier große, gegeneinander verschobene Steinplatten mit Fugen und Spalten dazwischen. Auch mit Badeschuhen an den Füßen muss man aufpassen auf jeden einzelnen Schritt. Aber das Wasser war klar wie mein Herz; und – ach! – ich konnte auch hier die Zeit nicht festhalten, sie verging und verging, einfach so...

Am Ende aßen wir noch Greek Salad in der Taverne. Deren quadratische Holztische stehen so idyllisch unter Olivenbäumchen am Meer, dass ich mir ganze Nächte – natürlich in angenehmer Gesellschaft – dort vorstellen kann. Zum Andenken kaufte Ralf der Fädelfrau ein Armbändchen ab; eigentlich für Kinder gedacht. Sieben bunte Holzperlen, ein hellgrüner und ein orangefarbener Fisch sind auf festes Schustergarn geknüpft. Für mich hat dieses unschuldige Schmuckstück mehr Charme als so manches teure Kleinod – einfach, weil alles passte und dieser Moment so schön war.

Ein Gedanke kommt rein: Selbst mit allem – auch monetärem – literarischen Erfolg dieser Welt, ich könnte nicht glücklicher sein, als ich es heute schon bin. Danke für diese Einsicht und das Da-Sein dahinter. Darum sage ich ja auch seit so vielen „24 Stunden" schon im AA-Meeting meinen Satz, der zu meiner Marke werden will, wenn ich bedenke, wie viele Freunde ihn immer wieder und mit Blick auf mich zitieren:

„Ich hatte auch heute wieder alles, was ich brauche – und sogar mehr, als ich für einen Tag verbrauchen kann. Ich danke dafür."

So ging ich gegen meine diffusen Existenzängste an. Es hat bis heute funktioniert.

Langsam kletterten wir am Abend irgendwann zurück, als könnten wir durch Schneckentempo den Augenblick doch noch gerinnen lassen. Konnten wir nicht! Auf meinen Wunsch hin nahmen wir in Rodakino den Weg oben am Hang, wo die Schafe weiden, die uns, wenn sie Lust dazu haben, ein Weilchen begleiten und wo die Heuschrecken springen; der Staub die Füße in den offenen Sandalen pudert... Alles ausdehnen und verlängern. Und dann sind wir doch „zu Hause" angekommen, es hilft alles nichts.

Was man dreißig Tage lang tut, zum ersten Mal übt; das verdrahtet das Gehirn auf neue Weise; das schafft frische Synapsen und verändert einen dauerhaft, lese ich in „Happinez" voller Staunen in einem Artikel über aktuelle Ergebnisse von Hirnforschung. Instinktiv haben wir genau das gemacht, was da beschrieben steht: Einundzwanzig Tage lang etwas ganz Neues getan (die Tour und ihre Vorbereitung in Berlin) – und dann neun Tage, um alles einzuprägen und sich „setzen" zu lassen (= unsere Zeit hier in Rodakino). Wir kommen also

„anders" zurück. Und auf seine Arbeit kommt ein anderer Ralf zurück als der er zuvor in den Urlaub gestartet war. Dreißig Tage. Kürzer sollte so ein Urlaub nicht sein. Ich weiß, nicht jeder kann sich eine so lange Zeit wirklich leisten. Ich weiß, ich weiß.

Ich will jedenfalls nicht „einzeln und frei" durch die Welt wandeln. Am Strand spiegelte mir eine offensichtlich allein reisende Dame (Yoga-Übungen in der Öffentlichkeit! Das habe ich auch mal getan, auf Mallorca 2011), was ich nicht (mehr) leben will, Insch´Allah. Wenn ich nicht muss jedenfalls. Und wieso sollte ich in meinem reifen Alter etwas tun, was ich nicht will, was mir nicht wohl bekommt! Wer an dem Punkt steht, an dem ich jetzt stehe, mittendrin in meiner zweiten Pubertät immerhin, der ahnt schon, dass das Leben endlich ist; dass er seine Zeit nur einmal vergeben kann und es nichts zu verschleudern gibt.

„Auf einmal war es schon das Leben", ist der viel sagende Buchtitel mit Texten der Lyrikerin Eva Strittmatter. Ich brauche eigentlich nur diesen Titel. Da steckt für mich schon alles drin.

Es schauten uns an: Ein schwarzer Fischreiher aus dem Wasser (nicht weiß wie sein Bruder am Süßwassersee Kournas Lake) und der König der kretischen Ziegen vom Berg oben. Ganz, ganz oben auf der Felsspitze thronte er majestätisch, genau wie sein Pendant, der Löwe im nämlichen Disney-Film. Ralf hat ihn für mich gezeichnet, unter großen Mühen aus dunklem Seidenpapier filigran ausgeschnitten für die Tagebuchseite. Das war wirklich nicht leicht für ihn mit seinen kräftigen, starken, langen Fingern.

„Lass uns immer diesen Blick der Unschuld und des kindlichen Staunens bewahren", hat er dieser Tage zu mir gesagt. „Mit Enkeln dürfte das erst recht kein Problem sein", sagte ich zuversichtlich. Papus und Jeya. Opa und Oma. Hallo Ziepy! Da hast du dir ja welche ausgesucht! Willkommen – von Herzen.


### Dienstag, 9. Juni 2015 in Rodakino

Auf geht´s! Nach Hause – via Heraklion. Ich freue mich, fühle mich gut getragen und behütet: Denn am allerletzten Tag wurde mir ganz unverhofft noch so ein richtig schönes, sattes Frauengespräch geschenkt.

Sie heißt mit Vornamen wie meine Mutter. Mir kommt der seltsame Gedanke, dass ich auf diese Weise in letzter Zeit zwei lange, intensive Gespräche hatte mit jemandem, der so heißt wie mein Vater – und nun also auch wie der weibliche Teil meiner Eltern. (Fehlt nur noch *Einer*, oder? Da ich ja im Prinzip „drei Eltern" habe...)

Rosalie also sprach mich am Korakas Beach auf dem Weg zum Klo an – nach Empfehlungen, wo sie und ihr Mann hier noch so hin düsen könnten auf ihrer Motorrad-Maschine. Ich stammelte auf die Schnelle ein paar Ziele – bei solchen raschen Gelegenheiten blockiere ich ja auch mal ganz gern – und vergaß Rethymnon zu erwähnen. Deshalb – oder weil mich diese Dame magisch anzog – lief ich noch einmal zu diesem Paar hin, das inzwischen bei Kaffee und Cappuccino an einem der vorderen Tische der Bar saß – und mich zu sich bat. Ob ich mich nicht ein bisschen zu ihnen setzen wolle, fragten sie freundlich. Ja, ich wollte. Und <u>wie</u> ich wollte! Ich trug einen Mangel an Kommunikation mit mir herum. Schlimm, schlimm. Für eine wie mich.

Gott muss das gewusst und mir eine Chance gegeben haben, die ich nutzen konnte oder nicht. Aber ja, ich nutzte sie. Und wie ich sie nutzte! Sollen die anderen doch sagen, wann sie genug von mir haben, sie sind schließlich schon groß. (Taten sie am Ende auch. Sie waren eindeutig „schon groß" und wussten auf zartfühlende Weise ihre Grenzen zu setzen.)

Ralf hatte am Abend zuvor die Frau schon mal im Vorüberspazieren angesprochen. „Schöner Schmuck!" Sie trug türkisfarbene Indianerohrringe und eine dazu passende Halskette – wirklich sehr geschmackvoll. Dazu Lederklamotten fürs Motorrad. Ein auffälliges, stolzes Weib mit feuerroten Haaren.

Wir hatten nicht viel Zeit, aber wir schnitten viele Themen an, als würden wir uns schon lange kennen. Die Liebe, das Bücherschreiben (von ihr gibt es auch eines, sagte sie; über die Beziehung im Alltag), Yoga und die weiblichen „Yoni"-Zyklen. „Was, das hast du ihr auch erzählt?", lachte Ralf, als das Wort Menstruationsende im Urlaub fiel. „Wo ein Gespräch mit einem Mann endet, da fängt eines mit einer Frau erst an", sagte ich zu ihm, weiß aber nicht genau, ob das stimmt. Es ist aber ein schöner Satz, und so schreibe ich ihn auf; lasse ihn durch mich hindurch sickern beziehungsweise lasse ihn von selbst durch mich hindurch „verdauen", wie diese Rosalie das nennt. Sie und ihr Mann sind beide Therapeuten aus Bayern. Die kleinen partnerschaftlichen Crashes, für die ich mich manchmal immer noch so „geißele", bezeichnet sie als „Medizin". Wirklich sehr anregend die Frau (und ihr Gefährte).

Es versiegte der Abschiedsblues, und alles kam zu einem guten Ende.

Die beiden hätten auch AA-Freunde sein können, so vertraut redeten wir miteinander, ohne Ouzo, ohne Raki. Aber nicht alles, was mir guttut, muss AA sein. Ich will ja über den Tellerrand hinausschauen. So lautete übrigens auch ein Meetingsthema beim letzten großen Treffen in Salzburg. „Über den Tellerrand hinausschauen". Immer wieder nützlich!

Und so kann es schließlich gut sein, dass mir auch nicht-alkoholische Leute sympathisch sind und etwas zu geben haben. „Normalinskis" werden sie manchmal bezeichnet, intern.

Ralf hatte zuerst ganz ungerührt auf seinem „Sunbed" am Wasser in der Zeitschrift „Geo" über Griechenlands Antike gelesen. Als es aber an die kartentechnischen Dinge ging, bat ich ihn hinzu – und schon knieten zwei Männer über einem Kreta-„Atlas" am Boden, während wir zwei Frauen oben am Tisch unsere Themen abarbeiteten, Aug in Auge, voller Zuneigung, von meiner Seite aus auf jeden Fall. E-Mail-Adressen wurden ausgetauscht, Büchertitel. Wir können einander im Netz finden, wenn wir das denn wollen. Ach, Rosalie! Sie sagt, sie verneigt sich vor der Nicht-Weisheit ihrer Mutter, das schaffe Frieden – wie ein Leben symbolisch „auf den Knien" überhaupt. Wem sagt sie das! Erster von zwölf Schritten im AA-Programm spricht von Kapitulation – und danach einige weitere von Demut. Und von Wiedergutmachung, Vergebung. Ich weiß also, was sie vermutlich meint. Sie legte mir ein Buch ihrer Lehrerin ans Herz – und, na ja, mal sehen, vielleicht kaufe ich mir das ja. Jedoch: Ich kann kein salbungsvolles Leben führen. Ich gebe mein Bestes, aber ich arbeite mich trotzdem Schicht für Schicht da hindurch – mit allen echten Gefühlen, die unterwegs auftauchen. Das andere habe ich schon vergeblich ausprobiert: Gleich Halleluja singen und in pauschaler Allüberallversöhnung zerfließen. Hat für mich so nicht recht funktioniert.

Ralf fegt noch einmal den Hof. Danach muss es wieder Anna machen. Bis zum nächsten Jahr, Insch´Allah...

Wieso sollten wir andere Reiseziele suchen, wo wir ein so herrliches und vielfältiges gefunden haben?! „Warum fastest du montags? Du könntest doch auch dienstags fasten?", fragte diese Rosalie Ralf. Es war offensichtlich geworden, als er eine Melone vom vor uns parkenden Lieferwagen weg kaufte, selbst aber nicht zulangte, als wir sie sogleich zerschnitten und gemeinsam genüsslich verspeisten. „Wozu?", gab er mit feinem Lächeln zurück. „Ich suche mir doch auch keine andere Frau."

So ist das mit Dingen, Umständen, Glücksfällen, die einen gefunden haben: Wozu weitersuchen! Weil es irgendwann – irgendwo „noch etwas Besseres" geben könnte? Das ist Perfektionsstreben! Das wollen wir nicht mehr.

Der Nachbar mit seinem Bau schweigt stille diese Woche.

Sollte ich mich jemals gefragt haben, wie die Leute aussehen könnten, die meine Bücher gerne lesen, so ist mir gestern vielleicht ein Stück „Zielgruppe" präsentiert worden. Ja, solche wie Rosalie und ihr Freund könnten es sein. Lebenserfahrene Sucher, spirituell angehaucht,

148

offen und neugierig, nach all den Psychoseminaren, mit all ihrem angehäuften Wissen sich doch vollkommen bewusst dessen, dass am Ende nur eines zählt und brennend interessiert: Ja, gut und schön; aber wie setzt es der Andere denn nun im Alltag um, ganz praktisch?! Wenn die Waschmaschine quietscht, wenn das Geld geteilt wird, wenn die schnöde Welt ihre Anforderungen stellt und der Mülleimer überzuquellen droht...

Es gibt nichts Größeres als Erfahrung, Kraft und Hoffnung miteinander zu teilen (wie in AA); zu diesem Schluss kam ich gestern ganz eindeutig. Ratschläge können wir einander nicht geben; sie zerflattern vor der Einzigartigkeit eines jeden menschlichen Lebens faserig im Meereswind. Aber unsere Geschichten können wir einander erzählen, ehrlich authentisch. Das baut auf und hilft, ich weiß nicht, wie. Danke für all diese Erlebnisse und Einsichten.

Ich denke auf einer meiner verschiedenen „Tonspuren" immer noch darüber nach, wie ich „Stepping Stones" ins Deutsche übersetzen könnte, ohne dass die Poesie darin verlorengeht. Vielleicht das Töchting fragen? Es ist ja ihr Beruf.

„You need a stick to cross the river". Wie sagt man das – auf ähnlich symbolträchtige Weise?

Antworten kommen. Wenn die Zeit reif ist. Ich lausche.

Und hier klebt der Sticker mit dem AA-Zeichen, den wir die ganze Zeit über am Autofenster hatten. Es hat uns keiner darauf angesprochen. Aber wir sind „trocken" geblieben. Danke.

15:45Uhr Ortszeit: Regen in Heraklion.

Rain in my eyes. Ich weinte, als wir fast zu schnell und völlig unkompliziert den kleinen „ANK" (Kennzeichen), unseren Panda, wieder abgegeben haben in der Miet-wagenfirma. Kein Papierkrieg, nichts von strenger Büro-kratie. Keine Stempel, keine Unterschriften. Ob wir etwas vergessen hätten im Innenraum? Nicht?

Na dann – Good bye und alles Gute. Das war´s.

Es ist nur ein Auto, okay. Aber wo es überall mit uns war, unfallfrei und verlässlich! Mir war beinahe, als ließe ich einen guten Freund zurück auf diesem Hof voller schweigend zuschauender Kraftwagen.

PS: Ralf sagt, ich soll unbedingt hier hinschreiben, gewissermaßen als Rat für die nächste Kreta-Reise, dass wir mit weniger und leichterem Gepäck losfliegen kön-nen. Keine dicken Regenjacken, nicht so viele lange Hosen und Pullover. Stimmt. Aber ob wir uns das mer-ken und dann auch noch umsetzen können? Nichts scheint so schwer zu sein wie mit leichtem Gepäck zu reisen.

### Mittwoch, 10. Juni 2015 in Heraklion

Ende dieser Reise im „Life-Boutique-Hotel", wo sie angefangen hat. Hierher kommen und einchecken, zur Begrüßung Kuchen und Orangen-saft genießen, das ist mittlerweile auch fast wie nach Hause kommen. So konnte ich sogar ein bisschen schlafen, und Ralf serviert schon Kaffee um diese frühe Stunde (7:25Uhr).

Gestern waren wir noch einmal auf der langen Spa-zier- und Trainiermole dieser Stadt (Leute walken und joggen darauf nach Herzenslust, das hatte ich bestimmt schon erwähnt). Danach kehrten wir auf Ralfs Wunsch in ein Fischrestaurant ein, das „local fish" anbietet. Es war an einem ganz normalen Dienstagabend brechend voll, und alles mundete sehr lecker. Dieser besondere Urlaub bekam so einen würdigen Abschluss ...

Ach, was war ich traurig und beherrschte mich. „Ich habe dich nicht trauern lassen", sagte Ralf. Nach meiner Tränenattacke beim Panda-Abgeben schluckte ich den Rest, und dabei möchte ich doch nicht mehr schlucken! Ralf rutschte in seine überfürsorgliche Haltung, die mir oft so auf die Nerven geht. Jeder Bissen wird mir zurechtgelegt und zugeteilt – ob ich das hinnehmen müsse, fragte ich, oder ob er da „Land" sehe... „Wenn du mit mir zusammenbleibst, wirst du damit wohl leben müssen", sprach eine Stimme aus meinem Liebsten. Ach, Rosalie! <u>Medizin</u>, ja? Aber was für eine bittere, bitterliche Arznei.

Kann es wirklich sein, dass ich heute Abend wieder in meinem Bettchen schlafen werde, nach fast vier Wochen? Kann es sein, dass wir davor noch zum Yoga gehen, abhängig davon, wie wir uns so fühlen und ob alle Verkehrsmittel pünktlich sind? Ich wechsele die Welten, einfach so, als wäre nichts dabei. Aber ich wechsele nicht jenes Gute zu Hause, das ich inzwischen ja schon in mir habe. So mache ich mir Mut, danke und Halleluja und gepfiffen und getrommelt.

Alles genießen, jede einzelne Sekunde, jeden unwiederbringlichen Moment – denn: Life is now, says George. Tomorrow never comes. Und so is it! Thanks, George – wer du auch immer bist und wo du auch immer jetzt sein magst. Ich brauche mich nicht zu ängstigen, außer vor dem Raki, der auch gestern wieder for free serviert wurde am Ende unserer Mahlzeit. Das wäre der einzige Grund für mich, Angst zu haben, eine sehr gesunde Angst. Langte ich wieder zu, dann wäre mir das Schlimmste geschehen. Alles andere lässt sich bewältigen. _Das_ zwar auch, irgendwie, aber nicht für mich! Danke an diesem speziellen Morgen – dafür, dass ich trocken, nüchtern sein darf und es diese ganze Kreta-Reisezeit über war. Offenes Visier, George!!...

Eine kleine Begebenheit muss erzählt werden: Als wir am Hafen von Heraklion entlang schlenderten, nach dem Abgabetermin in der Mietwagenfirma, da sprang an einer engen Stelle des Weges unversehens ein riesiger schwarzer Rottweiler aus einem Winkel und riss laut bellend an seiner Kette. Wie angewurzelt blieb ich stehen, wollte keinen einzigen Schritt vorwärts mehr tun. Ein Mann, der unter der Motorhaube seines Autos etwas schraubte, blickte hoch, nickte uns zu, winkte mit der Hand, dass wir einfach durchgehen, weiter gehen sollten. Ich konnte nicht. Der Mann schaute mich an, sondierte kurz die Lage, nickte dann, unterbrach sein Schrauben, ging zu seinem Hundetier und hielt es kurz an der Leine, sprach beschwichtigend auf es ein. Dann lächelte er mir freundlich zu. So traute ich mich, das Ungetüm zu passieren, sagte „Efharisto" zu dem Mann, Danke; ich flüsterte es eher, um den Vierbeiner nicht unnötig zu reizen. Später dachte ich, wie menschlich ich diese Reaktion fand. Er sah mich, hatte nicht zu beurteilen, warum diese fremde Frau eine solche Panik vor Hunden hatte, sondern schritt sogleich zur Tat, alle Kreaturen gleichermaßen liebend und herzlich behandelnd. Wie anders erlebe ich ähnliche Situationen manchmal in Berlin! _„Das merkt mein Hund ganz genau, wenn Sie Angst haben"_, blaffen mich Leute an – als würde das ein Trost sein. Auch, wenn ich ganz leise und freundlich darum bitte, das Tier doch an die Leine zu nehmen, höre ich oft schroffe Zurückweisungen. *„Ich bin außerhalb der Gartenkolonie, da darf ich das!"* ist ebenso an der Tagesordnung wie: *„Da haben Sie eben Pech gehabt."* – wenn ich meine, Hunde sollten nicht zwischen Gräbern auf dem Friedhof herumjagen und das anzumerken wage. Die Berliner sind ruppig. Und wenn es um ihre Hausgenossen mit Fell geht, kennen sie keine Menschenliebe mehr. Ich muss das leider so sagen. (Auch, wenn ich diese Stadt seit dreißig Jahren liebe und sie mir freiwillig zur Heimat werden ließ.) Daher war der Mann in Heraklion für mich so überaus wohltuend. Ich glaube nicht, dass er jemals dieses Buch liest, aber falls doch, dann herzlichen innigsten Dank. Sie haben mir den Glauben an die Menschlichkeit zurückgegeben, unbekannter Schrauber. Nicht weniger!

Das Ende einer solchen Reise erinnert (erinnert!) mich ans Sterben. Werde ich darob eines Tages auch so traurig sein oder es willkommen heißen, am Ende meiner Lebensreise? Jetzt, hier und heute fühle ich mich noch absolut <u>nicht</u> dafür bereit – das spüre ich genau!!

### Donnerstag, 11. Juni 2015 in Berlin

Alles ist ganz schlimm!! Ich komme nicht wieder an. Die Freude über das eigen Bett bleibt AUS! Habe mich sogar am Abend mit Ralf gezofft aus lauter Überforderung – oder was kann es denn sonst sein? Ralf erwähnte gar die Möglichkeit einer Paartherapie, weil wir einander

153

einfach nicht helfen konnten. Wir waren wie diese Paare in einer Krise, wo einer die Lösung, den Trost vom jeweils anderen erwartet, sie einander jedoch nicht geben können und daran scheitern. So fühlte sich das an, und wir brauchten lange, bis wir einander wieder in den Armen lagen und uns gegenseitig versicherten, dass alles gut ist. Sind in diesem Flugzeug böse Geister mitgeflogen – oder haben sie in unserer leeren Wohnung auf uns gewartet, waren sie hier eingezogen etwa? Ich weiß es nicht. Aber etwas hatte uns am Wickel, etwas Düsteres. Und ich sitze in einem tiefen, tiefen Loch.

*Tapezier es dir nicht aus*, sagen sie manchmal in AA. *Such dir lieber eine Leiter, auf der du so rasch wie möglich da wieder rausklettern kannst.*

Auch die Yoga-Lehrerin hatte ähnlich wie in einem Meeting betont, dass es etwas Größeres als uns gibt, etwas Gutes, das besser Bescheid weiß über das, was wir brauchen und was nicht. Ja! Aber ja doch! Ich habe fast geweint auf meiner Matte, als sie das so sagte ...

Auf jeden Fall haben wir den Sommer mit nach Berlin gebracht, es ist richtig schön warm und soll am Wochenende sogar bis zu dreißig Grad werden. Gestern gleich die Sadhana, dann Geschenkeübergabe an die Nachbarn, die die Wohnung und den Briefkasten hüteten. Heute Abend das Chorkonzert mit dem Töchting. Es ist bestimmt gut und hilfreich, dass uns hier zu Hause gleich Menschen in Empfang nehmen und ich so nicht noch tiefer absacken kann. In mein Loch. Das ich mir nicht wohnlich austapezieren will.

Ich habe mich vorübergehend wieder jung gefühlt, wie ein Naturkind. Und jetzt – bin ich wieder alt? No!!! Nein. Es ist eine Wahl.

154

Ich werde so etwas nie wieder erleben, denke ich; daher die Trauer. Aber ich habe es gehabt. (Parallel dazu: Mein Sohn und seine Mopedtour, für die das Gleiche gilt.)

Die schöne Hautfarbe, ich kann sie nicht festhalten. Sie wird mir schwinden. Gott hat mich hellhäutig gewollt, das ist die Wahrheit. Das andere war nur eine Phase. Eine kurze Ausnahme.

Ich liege nachts nackt in meinem Bett, so wie sonst nie. So lange wie möglich *DAS* alles noch spüren, die Wärme, das Wohlgefallen an meiner Gestalt, die Illusion, vielleicht doch noch ein bisschen Mitte zwanzig zu sein...

Zum Glück habe ich meine Liebe noch. Dafür danke.

Im Flugzeug war eine ganz süße Kleine, die alle beschäftigt hat: Mit ihrem Charme, ihrem Lachen — aber auch mit hohen spitzen Schreien oder einfach durchdringendem Gebrüll. Nichts und niemand konnte sie besänftigen oder beruhigen; kein Spielangebot der Stewardessen, keine Grimassen, die wir ihr zu"schnitten", kein väterliches Gekuschel und geduldiges im Gang Auf-und-Ab-Laufen. Erst mitten im allerletzten Teil des Landeanflugs auf Tegel schlief sie ein, tief und fest — und wachte auch am Gepäckband im Warten auf die Koffer nicht auf. Wie eine schlaffe kleine Puppe lag sie in den Armen ihrer — <u>Oma</u>! Von all dem Getriebe und Geschiebe bekam sie nichts mehr mit, so rein gar nichts. Ralf sagte spät am Abend, *ich* sei für ihn wie dieses Kind gewesen; total überdreht und zugleich unfähig, loszulassen. Noch ein Gespräch, noch eine Aktion. Immer auf der Jagd nach dem guten Gefühl. Das bekommt man so natürlich nie, indem

155

man danach giert, es einfordert. Ganz im Gegenteil: Man reitet sich nur immer tiefer „rein".

Die Augen tun mir weh, es drückt von innen.

Das sei eine ganz wichtige Übung im Leben, sagte die Yoga-Lehrerin gestern („nur" zu „mir", natürlich), den Druck wegzugeben. Ja! Und sie sagte, kaum hat man eine Klasse abgeschlossen, wird man in die nächst höhere „Gymnasialstufe" eingeschult. So ist es. Da stehe ich. Frisch und neu und sehr verwirrt. Ich weiß gar nichts und fange scheinbar ganz von vorne an...

„Die Natur ist das einzige Buch, das auf allen Seiten großen Gehalt bietet", ruft mir Johann Wolfgang Goethe vom Bad-Kalender her zu; jener Mann, mit dem ich dieselbe Stadt und ihre umliegenden Berge teile. Ich, weil ich da geboren bin. Er, weil er sich zu gern dort aufhielt und in jener Gegend nicht müde wurde, zu wandern, zu schreiben, zu lieben.

Ja. Und genau das, was er mir da heute zuruft, habe ich ja gerade auf Kreta gesehen, in mich aufgesogen. Ich wollte in kaum einem anderen Buch lesen als immer nur in diesem. Heute Nacht, inmitten meiner Gestalten und Chimären, dachte ich an all die Pfade an den kretischen Hängen: Von unten betrachtet kann man sich überhaupt nicht vorstellen, dass man da überhaupt entlang zu wandeln vermag (zweimal „überhaupt" in einem Satz! Ich ringe mit meiner Konzentration; laufe zwischendurch hin und her – und habe auch schon eine rein weiße Wäsche ausgelöst in der Maschine) – so unwegsam wirkt das Gelände. Dann geht man einfach los, der Weg zeigt sich, Schritt für Schritt. Step by Step (Stepping Stones!). Manchmal zerkratzt man sich am stacheligen Gekruschel die nackten Waden. Manchmal muss man die nächste Biegung suchen; geht zuerst ein wenig fehl und muss ein paar Schritte zurücklaufen. Dann wieder schreitet man leicht voran; ein anderes Mal braucht man eine Pause, muss essen, trinken und ausruhen. Dann wieder muss man sich einen Knüppel suchen, um sich über schwierige Abschnitte darauf stützen zu können.

*„Stepping Stones. You need a stick to cross the river".* Wie gut das passt! In vieler Hinsicht. Und ein unbekannter englischer Tourist hat es mir in der Schlucht des Todes bei Xerokambos zugerufen. Danke, du weiterer Gott durch Menschen!! Und hast keine Ahnung davon, dass du den Arbeitstitel für ein neues Kreta-Tagebuch von Katrin Richter geliefert hast.

PS: Heute wird das Meeting, im Kiez wo ich wohne, vierzehn Jahre alt. Danke dafür, dass ich es gründen durfte – und dass es die ganze Zeit über Bestand hat; dass ich trocken geblieben bin, all diese Jahre über, egal, was auch geschah.

Ralf sagte mir am Flughafen von Heraklion, dass gestern Dr. Bobs erster trockener Tag war – und damit vor genau achtzig Jahren AA gegründet wurde. Ich liebe ihn, meinen Gefährten, auch dafür, dass er so was weiß und mit mir teilt. Wir haben ja beide die Hölle des Alkoholismus erlebt, durchlitten. Uns braucht keiner was zu erzählen.

PPS: Der Flug war wunderschön. Und mittendrin, die Augen unter den wispernden Eulen auf der Schlafbrille des Töchtings, tauchte auf einmal die Frage in mir auf:
<u>Wer</u> bin ich eigentlich – <u>ohne</u> meine Angst?!...
Mir scheint, ich fange nun wieder von vorne an.

So denn, auf geht's, Halleluja und Hurra, das Herz in beiden Händen, in liebender Brust.

## Hinweise zum Vertrieb:

Sie können alle (gedruckten) Bücher in Ihrer Buchhandlung oder im Internet bestellen, gern auch – und auf Wunsch signiert – in der Buchhandlung unseres Vertrauens, dem »Büchereck Baume«:

»Büchereck«,
Baumschulenstraße 11 / Eingang Behringstraße
D-12437 Berlin
Telefon: +49 (0) 30 53216132
                    http://www.buechereck-baume.de

\*\*\*

Die meisten Titel sind bei den verschiedenen Anbietern in digitaler Version (als e-Book) zu erwerben, bitte fragen Sie im Zweifel bei Ihrem bevorzugten Anbieter nach.

\*\*\*

Als JournalistIn können Sie alle bei »Books on Demand« verlegten Titel kostenfrei als Rezensionsexemplar bestellen.
                    (http://www.bod.de)

\*\*\*

Für Rezensionsexemplare von Titeln, die bei
»Schwarzkopf & Schwarzkopf, Berlin« verlegt wurden, wenden Sie sich bitte an die dortige Presseabteilung.
                    http://www.schwarzkopf-verlag.de

\*\*\*

Alle weiterführenden Informationen finden Sie auch unter:
                    http://www.katrinrichter.berlin